En Biti

ONO ŠTO BEŠE MOJE

REČ I MISAO
KNJIGA 445

Izbor, prevod i pogovor:
VLADISLAVA GORDIĆ

Urednik
JOVICA AĆIN

EN BITI

ONO
ŠTO BEŠE MOJE

Izabrane priče

IZDAVAČKO PREDUZEĆE „RAD"
BEOGRAD

NAUK PADANJA

Rutina kuća, rano jutro; posuda s jabukama na kuhinjskom stolu, mrvice na šarenom stolnjaku. „Ja tebe volim", kaže ona Endrjuu. „Znaš li ti da ja tebe volim?" „Znam", kaže on. Razdražuje ga to što je njegova majka sentimentalna u mom prisustvu. Žarko želi da izgleda nezavisan, a i mrzovoljan je zato što je tek ustao. Mrzovoljna sam i ja posle vožnje po hladnom vremenu do Rutine kuće. Rasanjujem se kafom. Da meni neko sada izjavi ljubav, ne bih mu poverovala; u ove rane jutarnje sate nisam u stanju da normalno razmišljam, mrsko mi je da razgovaram i ljutim se na dugu hladnu zimu. I Endrju i ja mrštimo se za Rutinim stolom, a ona to strpljivo podnosi, kao i uvek. „Hoćeš li još kafe?" pita me. Klimam glavom i puštam, da mi uspe kafu iako sam i sama mogla da ustanem i odem do peći po džezvu. „Kako bi bilo da se očešljaš?" kaže Rut Endrjuu. On ustaje, izlazi iz sobe i vraća se s njenom drvenom četkom za kosu; počinje da se češlja. „Samo nemoj iznad stola, molim te", kaže ona. On završava sa češljanjem. Odlaže četku na sto i gleda u mene. „Zakasnićemo na voz", kaže. „Ima još vremena", Rut će. Endrju baci pogled na sat i glasno uzdahne. Rut se smeje. Pređe prstom po ivici otvorene tegle s medom i oliže ga. „Hajdemo", kažem Endrjuu. „U pravu si. Bolje da mi njega čekamo nego on nas. Treba li ti štogod iz grada?" obraćam se Rut. I da joj nešto treba, ne bi mi to rekla – mrsko joj je da prima poklone jer nema novca da nešto kupi zauzvrat. Sem toga, ona i ne želi da ima mnogo stvari. U kuhinji je samo sto sa četiri stolice, isti nameštaj koji je bio tu

5

kad se doselila. „Hvala, ne treba", kaže i isključuje radio. „Hvala", ponavlja dok nas ispraća. Jednu ruku stavlja na moja, drugu na Endrjuova leđa; otvaram vrata i hladnoća se uliva u sobu.

*

Jednom ili dvaput mesečno, uvek sredom, Endrju i ja iz Konektikata idemo vozom za Njujork; zajedno s njim hodam ulicama, odlazimo u prodavnice i muzeje; držim ga za ručicu koja me steže poput klešta. On nema prijatelja među svojim vršnjacima, a mene voli. Nakon ovih osam godina on ima poverenja u mene.

Danas ima na sebi farmerice sa Supermenom prišivenim na kolenu. Ako bi uzleteo s njegovog kolena, izdigao bi se tek stopu iznad zemlje. Ljudi bi od te male plave prilike mislili da je neki otpadak nošen vetrom, slamka u vazduhu, nešto od čega se treba skloniti.

„Opet sam gladan", kaže on.

Endrju zna da tokom dana ništa ne jedem. Ono „opet" ubacuje zato što je već jeo zobene pahuljice kod kuće, pa onda oko deset sati pecivo u restoranu brze hrane kod stanice u Vestportu, a sad je tek podne – prerano da se opet jede – i zna da ću reći: „Zar opet?"

Endrju. Ujutro onog dana kad se rodio, Rut i ja smo se kupale na Hal Pondu. Obožavala je da onako teška, u poodmakloj trudnoći, pluta po vodi. Trudnoća joj je prijala i želela je dete, iako ju je otac deteta prvo molio da abortira a onda je napustio, šest meseci pre nego što se Endrju rodio. Tog dana kad smo se kupale, porođaj je kasnio već dve nedelje. Ni traga od bolova, ali njena napetost izazivala je u meni vrtoglavicu, baš kao i vrelina sunca nada mnom dok sam stajala u ledenoj vodi.

A te noći držala sam je za ruku, moj dlan klizio je ka njenoj mišici kao da mi izmiče iz ruku. „Drži me za ruku", ponavljala je neprestano, i ja sam joj palcem trljala zglob, stezala njen dlan što sam jače mogla, ali se nisam mogla uzdržati da je ne ščepam za doručje pa za mišicu,

6

da se ne okačim o njen lakat kao da se davi. Isto to radila sam mnogo godina kasnije čoveku koji mi je bio ljubavnik – ali onda zato što sam se ja davila.

Endrju i ja hodamo po muzeju Gugenhajm, a ja mislim na Reja. Ni on ni ja ne gledamo slike. Endrju u ovom muzeju voli pogled koji se pruža na bazen pun plave vode prošarane novčićima.

Stojim kraj njega na zavojitom odmorištu. „Endrju, nemoj odavde bacati novčiće", kažem mu. „Mogao bi nekog povrediti."

„Samo jedan", kaže. Podigne novčić da mi ga pokaže. Ne vara me: ima samo jedan novčić.

„To se ne sme. Mogao bi pogoditi nekoga u glavu. Ako ga baciš, možeš povrediti nekoga."

Ja od njega tražim da pazi da nekoga ne povredi. Kako nije mogao da izađe iz majčine utrobe, neki nestrpljivi doktor izvukao ga je hiruškim kleštima i time prouzrokovao lakše oštećenje mozga. To, i malu paralizu lica u predelu usta.

Endrju stavlja novčić u džep. Jakna mu je spala s jednog ramena. On to ne primećuje.

„Idemo da jedemo", kažem. „Ponesi svoje novčiće, pa ih baci u bazen kad siđemo dole."

Stiže pre mene. Pogledam dole i vidim kako smišlja želje. Pitam se zna li već šta treba da poželi. Drugi ljudi bacaju novčiće. Endrju se stidi i samo stoji po strani, zatvorenih očiju, i žmirka, stežući novčiće u šaci. On voli da sve što radi, radi u tajnosti. Na njegovom licu vidi se razočaranost činjenicom što na svetu ima još ljudi osim njega. On voli da trči raširenih ruku, kao avion; u vozu voli da sedi kraj mene, sučeljen s praznim sedištima preko puta. Voli kad može da ispruži noge. Ne podnosi duvanski dim i miris parfema. S proleća omiriše povetarac kao što neki starac uradi to sa konjakom. Sad je u tećem razredu osnovne škole i skoro da nema problema sa praćenjem nastave. Njegova učiteljica, koja se, inače, sprijateljila sa Rut, mlada i puna samopouzdanja, i ne zamera Rut zbog opravdanja koja piše za Endrjua, izmišljajući da je bio bolestan dok je on u stvari bio sa mnom u Njujorku. Za njega je odlazak u grad pravi doživljaj, i volim ga zbog toga, kao i zato što ga tako dobro znam, i zato što mi ga je žao.

Odlazimo na hamburger u njegov omiljeni restoran na Aveniji Medison. Nekoliko stolova postavljeno je napolju. Samo smo jednom sedeli za stolom – onda kad smo se ovde našli s Rejom. Endrju je voleo što sedi za stolom, ali se stideo i nije hteo da priča zato što je Rej tu. Čovek koji radi za šankom poznaje nas. Znam da nas uvek prepozna, iako nam se nikad ne javi. Uvek naručujemo isto: ja uzmem kafu koju reklamiraju kao najbolju na svetu, a Endrju hamburger sa sirom i slaninom i čašu mleka. Rut ga je naučila da bude uredan i on nakon svakog gutljaja briše oreol od mleka sa usta. Od salvete natopljene mlekom ruka mu se sva ulepi.

Danas se hladnoća uvlači u kosti, a ja se sećam tog davnog vrelog leta. Za poslednjih osam godina gotovo da se i nisam kupala u reci, bar ne otkako smo se Artur i ja odselili sa Hal Ponda na jug. Još dok smo bile gimnazijalke, Rut i ja odlazile smo tamo da učimo. Ona je sa sobom nosila debele ruske romane i uvek sam se pribojavala da će joj knjiga pasti u vodu. Tako zamašne knjige, ispodvlačene, prepune beležaka – ako bi se neka od njih izgubila, bila bi to neviđena tragedija. Ipak, tako nešto nikad se nije dogodilo. Ja sam izgubila lančić od pravog zlata i upaljač. Jednom mi je iz knjige ispao spisak za kupovinu, i posmatrala sam kako se slova zamagljuju, razlivaju i nestaju dok je papir tonuo u vodu.

Odlazile smo tamo rano ujutru, pre drugih (u to vreme mnogi nisu znali za Hal Pond) i uvek bismo zauzele mesto na velikoj litici. Ljudi su tokom dana pridolazili i smeštali se na okolnom stenju, ili stajali oko mola koji je vodio do vode. Neki su se kupali goli. Jednom je neki zlatasti prepeličar skočio na našu stenu, šćućurio se, zabacio glavu i zaurlao na nas, a onda je otrčao kroz šumu, šapa crnih i mokrih od prljavštine s ruba vode. Rut je bila sasvim pometena. Napisala je pesmu o psu koji je došao da nas opomene. Ne o anđelu, nego baš o psu. Zurila sam u pesmu, ne razbirajući ništa od svega toga. „Htela sam da napišem nešto smešno", rekla je. Pošto je pas odjurio, Rut je rukama prekrila usta. Sledećeg leta, kad sam se udavala za Artura, napisala je pesmu o mom nevestinskom buketu od ljiljanovih pupoljaka. U pesmi ih je uporedila s raketama – izgledali su joj veliki kao rakete za vatromet, napisala je. To je zvučalo kao da će moj buket eksplodirati i zasuti nas krhotinama. Toj sam se pesmi smejala. Reagovali smo pogrešno. Sada, kad se moj brak raspada, ispostavlja se da je ta pesma bila predskazanje.

„Šta je?" pita Endrju, odlažući hamburger na tanjir. Uvek ga jede na isti način; nikad nisam videla da neko dete tako jede: izgrize ivicu sve dok ne ostane samo kružić u sredini.

Gledam na sat. Artur mi ga je poklonio za Božić. Prosto je dirljivo kako se ne libi da mi poklanja bezlične poklone kao što su čaše za jaja i digitalni satovi. Da bi se videlo koliko je sati, treba pritisnuti dugmence sa strane. Sve dok je ono uključeno, brojke koje označavaju vreme titraju i smenjuju se. Kad sklonim ruku, sat ponovo postane potpuno crven.

„Idemo do Boninog ateljea. Izradila je neke slike za Rut. Napokon ćemo videti one fotografije od Četvrtog jula."

Opipavam u džepu ček koji mi je Rut dala da platim Boni.

„A kuda mi to idemo?" pita on.

„U ulicu Spring. Pa sećaš se valjda one prijateljice tvoje majke s kosom do struka. Znaš gde ona živi. Bio si već tamo."

Ulazimo u voz podzemne železnice; u prepunom vagonu Endrju sedi tako što se stisne na sedištu do moga, oslanjajući se samo na jedno bedro, a levu nogu prebacuje preko moje, tako da izgledamo kao trbuhozborac i njegova lutka. Crnkinja koja sedi s njegove druge strane malo se odmakne. On ostaje jednako pripijen uz mene.

„Ako te Boni ponudi da ručaš, kladim se da nećeš odbiti", kažem, gurkajući ga u bok.

„Ne bih mogao više ništa da pojedem."

„Ma hajde!" kažem.

„Daviš", kaže mi. Popravlja jaknu na boku. Kroz majicu koju ispod nje nosim mogu se nazreti rebra. Vitak je, i bio bi lep da nema tog očiglednog defekta na ustima koja kao da se podrugljivo cere.

Vozimo se podzemnom, a Rut je tamo negde u Vestportu, u majušnoj preuređenoj montažnoj kući koju iznajmljuje od jednog hirurga i njegove žene. Kao i za sve drugo na tom području, zakup je previsok, i ona ovo jedva uspeva sebi da priušti. U njenoj kućici nema dovoljno svetla; aluminijumske rešetke obrubljene plastikom prikovane su za prozore kao jedina zaštita od nevremena. U peći gori cepanica, a u loncu od hrane za piliće stoji kesa od gaze napunjena travama. Ona podvlači rečenice u knjigama, iseca kupone iz novina. Sredom ima slobodan dan; tada ne mora da ide na državni koledž gde predaje. Čeka da Brendon, njen ljubavnik, telefonira ili navrati: kod nje je toplo, jede se supa i doživljavaju književna otkrovenja, a, ako on to poželi, bude i intimnosti. Zavidim mu što popodne provodi sa Rut, jer mu ona kuva i razveseljava ga, ne tražeći ništa zauzvrat. Koledž je slabo plaća, ali njeno vino iz balona ima lepši ukus od onog iz skupih buteljki koje otvaraju Arturovi poslovni prijatelji. Rut će pružiti ruku i dodirnuti te samo da bi ti pokazala da te sluša, i nikada neće predložiti odlazak u bioskop kao način da se zabaviš.

Gotovo svaki put kad Endrjua dovedem kući, Brendon je tamo. Retko kad dođe u posetu nekim drugim danom. Ponekad donese dve šnicle. Na Svetog Valentina poklonio joj je biljku koja lepo uspeva na slabom kuhinjskom svetlu. Stoji na prozorskoj dasci iza sudopere i svija se oko eksera koje je Rut ukucala u ram prozora. Listovi su debeli i mali, zeleni, u obliku srca. Da ja pišem pesme, u tim listovima videla bih zavist koja je okružuje. On joj zavidi, kao i toliki drugi ljudi. On bi voleo da bude kao ona, ali ne želi da se brine o njoj. Ni o Endrjuu.

*

Ulaz u Bonino potkrovlje tako je uzan, prljav, sa žutozelenim oljuštenim zidovima, da se uvek upaničim da nikad neću stići do vrha. Samo čekam kad će neka bubašvaba izgubiti oslonac na plafonu i pasti na mene; samo čekam kad će neki pacov istrčati preda me. Bez reči hitam ispred Endrjua.

Boni otvara vrata odevena u farmerice umrljane farbom i Halov džemper sa „V" izrezom koji joj dopire do butina. Zidovi njenog stana u potkrovlju ofarbani su bledožuto, u boju sunca koje se probija kroz maglu. Njene fotografije zalepljene su po zidovima, slike vise. Zagrli i mene i njega i zove nas unutra. Skidam kaput, otkopčavam Endrjuu jaknu i smeštam mu je u krilo. Rukavi iz kojih ne proviruju ruke vise sa strane. Moglo je biti gore: Endrju se mogao roditi bez ruku ili bez nogu. „Znaš šta mi je najgore", rekla mi je Rut jednom, nedugo posle njegovog rođenja, u jednoj od retkih prilika kad se ispovedala. „Već mi je mučno da slušam kako je moglo biti mnogo gore kad je isto tako moglo biti bolje. Muka mi je od advokata koji mi savetuju da pričekam – da ne odustajem dok ne budemo sigurni koliko je oštećenje. Oni o oštećenju govore s nekim neodređenim žaljenjem, kao što meteorolog govori o novom snežnom pokrivaču. Dosta mi je već tog vetra koji zviždi kroz kuću, a moglo bi biti toplo i suvo." Od Brendona joj nije muka, ni od njegove dve šnicle, iako nije mogao da dođe na večeru za Endrjuov rođendan; nije ogorčena ni na Endrjuovog oca koji joj se nije javljao još od pre njegovog rođenja. „Da li sam ljuta?" rekla je Rut jednom. „Ljutim se na samu sebe. Ne dešava mi se često da tako pogrešno procenim čoveka."

11

Boni pravi toplu čokoladu za Endrjua. Ruke mi se tresu; ipak pijem još jednu šolju kafe, misleći da je to možda samo zato što u potkrovlju nije dovoljno toplo. Endrju i ja sedimo jedno kraj drugog, nasred bele sofe. On razgleda Rutine fotografije, ali pažnja mu luta i on počinje da pevuši. Stavljam fotografije u fasciklu između dva komada kartona i zatvaram je. On naslanja glavu na moju ruku pa mi je teško da zavežem pantljiku. Dok on oči drži zatvorene, Boni mi šapuće: „Ne mogu. Ne mogu da uzmem novac od nje."

Gleda me kao da sam poludela. Sad je moj problem kako da Rut vratim ček a da je ne uvredim. Savijam ga i spuštam u džep.

„Smislićeš već nešto", kaže Boni tiho.

Izgleda ohrabrena i tužna. I ona će postati majka. Već zna da će roditi devojčicu. Zna da će se zvati Ora. Jedino ne zna da je Hal prokockao priličnu svotu novca i da se jako brine kako će izdržavati dete. Rut za to zna – Hal ju je zvao i poverio joj se. Zašto li se Rut pretvara da ne vidi koliko je važna ljudima, da li zbog svoje skromnosti ili zarad pukog samoodržanja? Rekla mi je da ju je Hal zvao samo zato što je on jedan od retkih ljudi koji obožava da razgovara telefonom.

Vraćamo se podzemnom nazad u grad, do glavne železničke stanice. Tamo je sve više ljudi koji se vraćaju s posla – ljudi u skupim, laganim kišnim mantilima, s teškim aktovkama u rukama, žene koje se sa kesama vraćaju iz kupovine. Za koji sat Artur će biti na stanici, na putu kući. Fasciklu stežem pod miškom. Svako nešto nosi. Osećam potrebu da podignem Endrjua i ponesem ga u naručju. To sam mogla sve dok nije napunio pet godina, posle više ne. Njegova ruka smešta se u mojoj, i hodamo njišući rukama sve dok se ne oslobodim njegovog stiska da bih videla koliko je sati. Gledam u svoj sat, pa u stanični. Ne slažu se; naravno, moj sat kasni. Pobegao nam je voz u 3.05. Sledeći ide za sat vremena, ali u njemu ćemo teško naći slobodno mesto. Ili, što je još gore, neko će primetiti da Endrju nije samo umoran, već da nešto s njim nije u redu, ponudiće nam mesto, a on će znati zbog čega. Već počinje da sumnja, kao što deca u nekom dobu na pomen Deda Mraza naprave izraz krivca, ali nadam se da neću biti tu kad ga neko pogleda a on ne skloni pogled, znajući o čemu se radi.

„Moraćemo da sačekamo sledeći voz", govorim mu.

„Zašto?"

„Zato što smo zakasnili na ovaj naš."

„Zar nisi to znala kad si kod Boni pogledala na sat?"

Sve je umorniji i postaje mrzovoljan. Sad će me pitati koliko imam godina. I zašto njegova majka više voli da ostane sa Brendonom nego da ide s nama u Njujork.

„Bilo bi nepristojno da smo krenuli ranije. Ostali smo samo malo."

Pogledam ga i vidim šta misli. Ponekad sporo misli, ali dobro predoseća. On misli isto što i ja – mogli smo stići na voz samo da sam htela. Gleda me istim tupim pogledom kao Rej kad smatra da sam detinjasta. Pa naravno, ja sam zbog Reja toliko oklevala. Svaki put čvrsto rešim da ga neću zvati, i skoro svaki put to učinim. Prelazimo terminal, odlazim do telefona i ubacujem žeton. Endrju hoda unazad i vrti se na peti. Jakna mu ponovo klizi s ramena. A rukavica – gde mu je rukavica? Jedna je u desnoj ruci, a one druge nema u džepu. Kad se Rej javio na telefon, zazvučala sam razočarano i daleko.

„To je zbog... izgubio je rukavicu", kažem.

„Odakle zoveš?" pita.

„Sa stanice."

„Dolaziš ili se vraćaš?"

„Vraćam se kući."

Čujem njegov tihi glas: „Toga sam se i plašio."

Tišina.

„Rej?"

„Šta je? Da nećeš možda iskopati neki razlog da se vidimo? Je l' hoćeš da me zamoliš da mu, kao muškarac muškarcu, kupim nove rukavice?"

To mi je smešno.

„Znaš šta, ženo?" kaže Rej. „Ja tebe bolje zabavljam preko telefona nego uživo."

Pored nas prolazi neka žena s dve crne pudlice u rukama. Na sebi ima dugačku sivu bundu; psići vire iz dve krznene pećine; ugnezdili su se u pregibima njenih ruku. Kao da su preslikani iz nekog crtaća. Još jedna žena prolazi kroz terminal. Nešto je izgubila, ili se predomišlja – odjednom odmahne glavom i krene u suprotnom pravcu. Kad je već odmakla, potrči. Endrju se sve vreme vrti. Pružam ruku da ga smirim, ali on se otima, ponovo počinje da se vrti, pa mu to dosadi i onda samo stoji i zuri u staničnu zgradu.

„Jebi ga", kaže Rej. „Da mi odemo negde na piće?"

I opet kafa. Endrju pije milkšejk. Rej sedi preko puta nas i meša kafu energičnim pokretima. Kad sam prošle godine shvatila da me ljubav prema Reju zbunjuje isto koliko i netrpeljivost koju sam osećala prema Arturu, kad sam shvatila da nada mnom ima preveliku moć i da mu više ne mogu biti ljubavnica, počela sam da dovodim Endrjua sa sobom u Njujork. Pokazalo se da to nije najbolje rešenje: Rej postaje razdražljiv, a mene grize savest što iskorišćavam Endrjua.

„Nove cipele", kaže Rej pružajući nogu ispod stola.

Ima crne čizme i toliko je zadovoljan njima, baš kao što se i Endrju obradovao novčićima koje sam mu jutros dala. Osmehnem se. On mi uzvrati osmeh.

„Šta ste radili danas?" pita Rej.

„Obavili smo jedan posao za Rut. Išli smo u Gugenhajm."

Klima glavom. Kad smo nekad vodili ljubav, rukama bih mu obujmila glavu kao da verujem u frenologiju. On bi onda svojim rukama pokrio moje. Rej ima najlepše ruke koje sam ikad videla.

„Što ne ostaneš u gradu?" pita. „Mislio sam da idem na balet. Sigurno bih mogao da nabavim još dve karte."

Endrju me pogleda, odjednom zainteresovan da ostane.

„Moram kući da Arturu spremim večeru."

„Moraš da pomuzeš krave", kaže Rej. „Da zamesiš hleb, da naložiš peć, pa na spavanje."

Endrju ga pogleda i široko se osmehne; onda shvati šta je učinio, pa rukom sakriva usta i skreće pogled.

„Nikad to nisi čuo?" kaže Rej Endrjuu. „Moja baka je tako govorila. Vremena se i menjaju i ne menjaju." Gleda u stranu i odmahuje glavom. „Što sam ja danas dubokouman. Dobro da sam naručio kafu, a ne nešto drugo."

Endrju se vrpolji na stolici, gleda me kao da hoće nešto da kaže. Naginjem se prema njemu. „Šta je bilo?" pitam tiho. On počinje užurbano nešto da mi šapuće.

„Njegova majka uči da pada", kažem.

„Šta to treba da znači?" pita Rej.

„U školi plesa", kaže Endrju. Ponovo gleda u mene, zastiđen. „Kaži mu ti."

„Nikad nisam videla kako ona to izvodi", rekla sam. „Samo mi je pričala da je to kao neka vežba. Ona uči da pada."

Rej klima glavom. Izgleda kao profesor beskrajno strpljiv sa studentom koji je upravo otkrio da je trava zelena. Odmah se vidi kad je Rej nezainteresovan. Uzdigne glavu i gleda te pravo u oči kao da je zainteresovan.

„Je l' ona samo tresne na pod?" pita Endrjua.

„Pa ne baš", kaže Endrju, obraćajući se više meni nego Reju. „Ona to radi nekako sporo."

Zamišljam Rut kako pruža ruke preda se, saginje glavu poput pokajnika, svija kolena i lagano se naginje napred.

Rej se naginje preko stola i povuče me za obe ruke; od njegovog dodira trgnem se i skočim, i umalo da prevrnem svoju šolju s kafom.

„Idemo u šetnju", kaže. „Hajde. Imate još vremena."

Stavlja dva dolara na sto i zajedno s računom gurne ih u kraj. Pridržavam Endrjuu jaknu i on uskače u nju.

15

Rej mu namešta ramena. Onda se saginje i pipa po njegovim džepovima.

„Šta to radite?“ pita Endrju.

„Ponekad se izgubljene rukavice ponovo pojave“, kaže Rej. „Ali sve mi se čini da ih nema.“

Rej zakopčava svoju zelenu jaknu i nabija šešir na oči. Dok izlazimo iz restorana, hodam pored njega, a Endrju ide za nama.

„Ja neću daleko“, kaže Endrju. „Hladno je.“

Stežem fasciklu. Rej me gleda i smeška se, jer je toliko očigledno da fasciklu držim obema rukama kako ne bih morala da ga uzmem za ruku. Približava se i grli me oko ramena. Nećemo zamahivati rukama kao što to čine deca – šetamo se kao dama i džentlmen. Rut je oduvek znala: ono što treba da se desi, desiće se. Amen.

PLEJBEK

Prošle nedelje doživela sam jednu od najromantičnijih večeri otkad znam za sebe – Holi je ležala sklupčana u mom krilu, kolena okrenutih u stranu i naslonjenih na iskošeni rukohvat pletene stolice za ljuljanje. Da ispod njenih koščatih kolena nisam podmetnula dlan, rukohvat bi joj se usekao u kožu. Satenska spavaćica, koja joj je inače dopirala do polovine listova, otkrila je njena kolena kad se sklupčala u mom krilu. Povetarac je njenim kovrdžicama pokrivao moj obraz što je počivao na njenom temenu. Eš je imao običaj da kaže kako ga njena divna duga kosa podseća na traku koju zategneš preko palca pa po njoj prevlačeš sečivom makaza. On joj je i poklonio tu plisiranu spavaćicu s rozikastim cvetićima, rađenu po uzoru na modele iz tridesetih. Kupio ju je u njenoj omiljenoj prodavnici kao i neobičnu prostirku ručne izrade sa horom veverica koje su jele nešto nalik na račiće. Kupio joj je i satenski ogrtač s natpisom „Anđelo“, na leđima.

Slovo „l“ je otkinuo, a jedan njegov prijatelj izvezao je krila. Za svežih noći oblačila je taj ogrtač preko staromodne spavaćice.

Te noći kad sam je držala u krilu, Eš je telefonirao iz nekog bara u Tenesiju da joj kaže kako su u bašti njegovog prijatelja Majkla ubili tako veliku zvečarku da se od njene kože može presvući Majklova kutija za violinu. Takve je priče ona i želela da čuje? – priče koje opravdavaju njen neodlazak u Tenesi. Holin sin Piter živeo je s njenim bivšim mužem u Bostonu, a u Vermontu je imala psihijatra i nije želela da prekida terapiju. Sa svojim prijateljima Andreom i Persijem Grinom i Rodžerom Bilngtonom upustila se u biznis sa grnčarijom, koji je upravo počinjao da donosi novac, a leto je bilo najbolje vreme za prodaju u radnjici koju su napravili u Persijevoj garaži. Kod nje sam u gostima već mesec i po dana. Znala je da volim Vermont i mislila je da ne bih dolazila čak u Tenesi da je vidim. Ja mislim da bih. Mislim da bih za nju učinila bezmalo sve. Ponudila sam joj svoju ušteđevinu da od debelog i podlog muža advokata preotme dete; zimus sam se četiri nedelje vozala do Vermonta da bih prisustvovala grupnoj terapiji na koju je svako mogao da dovede nekog rođaka; ona nije imala nikog sem brata u Nebraski i tetke u staračkom domu.

Nisam od onih žena koje ljube u obraz svoje prijateljice, niti sam, za razliku od Holi, navikla da grlim ljude; ali kad je izašla na verandu, tako rastužena što je Ešu čula glas, kad je odmahnula glavom i poljubila me u čelo za laku noć, pružila sam ruke i ona se ugnezdila u mom krilu. „Nismo dugo pričali", rekla je. „Kaže da mi je poslao pismo; ja ga još nisam dobila." Mora da smo se satima njihale pre nego što je krčanje radija u kuhinji postalo nesnosno. Onda ju je obuzela nekakva zbunjenost; kad se vratila na verandu, smeteno se osmehivala. Obukla je anđeoski ogrtač preko spavaćice, zakopčala ga i tiho rekla: „Hvala, Džejn, sad mogu na spavanje." Čipkasta anđeoska krila nestala su u kuhinji. Čula sam kako otvara česmu i znala da čini upravo ono od čega sam mislila da će je moje ljuljuškanje odvratiti – uzimala je svoj noćni koktel, za moje pojmove smrtonosan: dve pilule vitamina B6, po pola tablete dalmejna i valijuma. Tablete je stavljala u usta jednu po jednu, jer je, i pored toga što je u životu nebrojeno puta pila lekove, mislila da će se od pilula ugušiti. Kod Eša nam se svima dopadalo to što je pokušavao da je od toga odgovori. Vodio ju je u duge iscrpljujuće šetnje, ili su pušili marihuanu. Odvukao bi je pred okruglo kuhinjsko ogledalo i naterao da gleda u izraz krivice na svom licu dok je gutala pilule. Onda bi mu neuverljivo govorila da joj B vitamin ne može škoditi. Ponekad bi uspeo da je urazumi, pa je uzimala samo pola valijuma. Ne znam da li ju je ikad ljuljuškao u krilu.

Mnogi misle da smo sestre. To se nije dešavalo u Smitu, jer se tamo videlo da se sprijateljujemo, već kasnije, u Njujorku, kad smo išle u kupovinu ili u školu plesa. Obe smo bile usamljene i nezavisne (ja sam jedinica, a njeni su roditelji umrli kad joj je bilo deset godina), i onog trenutka kad smo prevazišle ljubomoru zbog toga što su svi večito poredili naš izgled, shvatile smo da smo srodne duše. Kovrdžala sam kosu da izgleda kao njena; ona je počela da nosi duge lepršave suknje nalik mojima. Kad se udavala, ja sam joj napravila buket, i bacila ga je meni. Toga jutra namotavala sam široke satenske trake oko lišća koje je držalo stabljike na okupu, i znala sam da se udaje za pogrešnog čoveka, ali taj jedan jedini put svoje mišljenje zadržala sam za sebe. Dok sam stezala cvetove, setila sam se kineskog običaja zamotavanja ženskih stopala: sve je to bilo pogrešno.

Bila je u braku devet godina, sve vreme dok je njen muž bio u vojsci i školi za advokate. Tih godina živeli su u Nju Hejvnu, na četvrtom spratu zgrade koja nije imala lift, iznad nekog restorana. Imali su veliki zarđali automobil koji je ona neprestano brusila i farbala. Taj turobni stan nikad nije pominjala, već je uvek govorila o tome kako je lep ventilator od bojenog stakla iznad ulaznih vrata. Kad je on postao advokat, preselili su se u kuću u predgrađu, koja joj se isto nije dopadala, ali tu je zasadila duvanske biljke koje su cvetale noću i mirisale najlepše što znam.

Piter se rodio pre vremena, carskim rezom. Sedela sam u čekaonici s njenim mužem, mislila: ništa ne ide kako treba a oni nam ne daju ni da joj čujemo glas. Kad je Holi pozvala da mi kaže da ide u bolnicu, ja sam bila na selu, za vikend, sa ljubavnikom. Porođaj je poranio celih mesec dana – oni su bili u poseti prijateljima u

Njujorku. Sećam se kako sam sedela u čekaonici i mirisala na terpentin. Džejson, čovek u koga sam bila zaljubljena, bio me je poveo u svoju kuću u Ist Hemptonu. Nekoliko sati pre nego što je Holi telefonirala, dremala sam na suncu, na kraju keja; zato što mu je to izgledalo kao dobra šala, zato što se nije mogao odupreti iskušenju, zamočio je četku u sivu farbu kojom je upravo farbao kej i nežno prevukao glatkom hladnom bojom preko mojih kolena dok sam spavala. Voda nije pomogla pa sam morala kolena da istrljam pocepanom bluzom njegove žene, umočenom u terpentin; to što je učinio zabavljalo me je više nego što sam pokazivala, i pitala sam se kako mogu voleti čoveka čija žena baca bluze kupljene od „Saksa". Nekoliko sati pre nego što je trebalo da se vratimo u grad, telefon je zazvonio i Holi je rekla: „Idem u Lenoks Hil. Malo je poranilo". A onda je Džejson tapkao terpentinom po mojim kolenima i govorio da imam vremena da još jednom zaronim, da ništa ne smeta ako pokvasim kosu i da neću morati da se tuširam ako budem malo plivala. „Smiri se", rekao je. „Nije to tvoja beba." I nije; vreme je prolazilo, a onda ni Džejson više nije bio moj. Pomirio se sa ženom, njen misteriozni artritis je netragom nestao i nastavila je da svira violinu. No, tog dana činilo se da je nemoguće da se tako šta desi. Bilo je tako lako usnuti na suncu, a po povratku kući nisam mogla da zaspim ni kasno noću u svom zamračenom stanu. Džejson je bio previše zaljubljen da bi bio u stanju da pravi obesne šale. Navukla sam farmerice na golo telo, pozajmila od njega majicu i izletela iz kuće, ne sluteći da je ovo bio jedan od mojih poslednjih boravaka u njoj. Poslednji put bila sam tamo zimus, sedela sam u kolima, a on je sam ušao unutra da proveri jesu li se česme zamrzle. Vraćao se svojoj ženi. Nisam želela da vidim sve moje poklone njemu koji su tamo ostali: kutiju za keks s likom losa, poster sa četom bubašvaba na kome je pisalo: „Con mas poder de atrapar para matar bien muertas las cucarachas fuertes", crtež Persija Grina na kome je bilo nacrtano stopalo s ogromnim nožnim palcem.

Onoga dana kad se Holi porađala, brzo smo stigli u grad; krov njegovog belog forda bio je spušten, a moja mokra kosa poskakivala je na glavi kao pseće uši. Ne, ovaj put nije bila u pitanju moja beba. Narednog proleća abortirala sam. Pre nego što sam otišla u bolnicu, bili smo u restoranu s nestvarno lepom baštom, a Džejson je sedeo kraj mene, pod suncobranom. Ružičasti cvetovi padali su nam u kosu, na krilo, na hranu. Nisam mogla da jedem. Nisam mu mogla reći zbog čega. Ispustila sam jednog račića pod sto moleći boga da se niotkuda pojavi neka mačka. Otpila sam gutljaj soka od mimoze i vratila ga u čašu. Moja ruka bila je položena na njegovu; drugom rukom on je klizio po mojoj nozi ispod stolnjaka, sablasnog nagoveštaja belog čaršava kojim su me sat kasnije prekrili. „Jedi“, rekao je Džejson. „Morraš nešto jesti.“ Osmehuje se. Dodiruje me. Krije hranu od mene kao malo dete, puštajući da je ružičasti cvetovi prekriju sasvim.

Iste godine, samo docnije, Holi je napustila muža i doselila se u Vermont. „U muškarcima nikada nećemo naći spas“, rekla mi je. Obe smo verovale da hoćemo, sve dok se nismo opekle, a onda smo samo dodirivale bolne plikove po prstima; naravno, to odrasli ljudi ne rade, to rade samo mala deca, pa i muškarci, na kraju krajeva. Onda je Holi upoznala Eša i bila srećna neko vreme, mada ni to nije potrajalo. Shvatila sam da postoji neki problem onog dana kad smo Eš i ja pošli da beremo kupine u kržljavom žbunju koje je raslo oko razrovanih temelja stare kuće. Stavljao je kupine u svoju kapu, ne mareći što se mrlje neće moći skinuti.

„Zašto me Holi izbegava?“ pitao je.

„Zbog Pitera“, rekla sam mu. „Zato što će njen muž dobiti parnicu, i ona zna da će joj oduzeti Pitera.“

„Holi i ja mogli bismo imati dece. Ona ga viđa. Nije valjda da njen muž pokušava da okrene Pitera protiv nje? Nikad to nisam primetio.“

„Eš", rekla sam. „Piter nije s njom."

Prestao je da bere kupine. „Znaš šta radite i ti i ona? Stalno pridikujete. Meni su činjenice poznate. Zar ni tebi ni njoj nikad nije palo na pamet da postoje i neke druge činjenice osim tih?"

Sunčana svetlost padala je na kupine. Taj zločin odigravao se samo u njegovoj glavi. Spremao se u Tenesi da bi joj dao vremena da razmisli. Da razmisli da li je u stanju da mu se ponovo posveti, da manje razmišlja o Piteru, da rodi drugo dete – dete koje je on želeo. Zurio je preda se, sav snužden. Jedan crni mrav milio je po kupinama. Mnoštvo mrava. Pokušao je da ih strese, ali oni su bili brži i sakrili su se na dnu. „Tako divno leto, a on sedi kući..."

„Eš" kazala sam. „Njoj je jedino važno da dobije Pitera."

Uvek sam se pitala nisu li moje reči učvrstile njegovu odluku da ode u Tenesi.

Polovinom avgusta Holin brat Tod došao je na dve nedelje. Uvek je bio podozriv prema muškarcima koje je njegova sestra volela, pa je takav bio i prema Ešu. „On je jedan od onih nasmejanih Južnjaka koji nikad ne odrastu. Takvi celog života nose isti kaiš", rekao je. Ali voleo je Holi i pokušao je da se postavi nepristrasno.

„Znam da je to nenormalno", rekla je Holi Todu dok su se ljuljali na zadnjoj verandi. „Ali naš otac je mrtav, pa sam od tebe počela da tražim blagoslov za sve. Valjda se nadam da ćeš mi ti reći da odem u Tenesi."

„Ako bih ti ja rekao da napustiš Pitera, ti to ne bi učinila."

„A šta ako posao krene, onda bih mogla svaki čas leteti u Boston!"

„Ne želiš ti to da čuješ", rekao je. „Sećam se, tek što je prohodao, neko ga je fotografisao blicem i on se okrenuo tebi sav zaslepljen. Bio je zaslepljen onako kao kad dugo gledaš u sneg. Sećam se kako ste pipajući tražili jedno drugo – bili ste tako nespretni. Ti si mu majka."

„A ja idem psihijatru u Monpelje i svi misle da sam preosetljiva, zar ne?“

„Baš na ovoj verandi Eš mi je rekao da želi najmanje troje dece. Klinci te neće odvojiti od Pitera. Oni će te samo podsećati na njega. Sećaš se kako mu je Džordžija eksplodirala tim blicem u lice, pa je pobegao.

Otišao je u kuću po ledeni čaj. Doneo ga je na masivnom srebrnom poslužavniku koji je spadao u porodično nasledstvo, a bilo je jednako nezamislivo i služiti se njime i ratosiljati ga se. Dok je bio odsutan, rekla sam Holi: „Prošlo je dvanaest godina, a on još uvek malo--malo pa spomene rat. Odselio se u tu Nebrasku da bi sebe kaznio.“

Posle čaja, Tod i ja rešili smo da odemo na kupanje. Holi je bila malo ljuta na njega, pa je ostala da kalupi lonce s Persijem Grinom. Persi je bio pijan pa nije shvatio u kakvom je trenutku naišao. „Napraviću nešto“, rekao je. „Ta čudesna stvaralačka energija.“ Na sebi je imao havajsku košulju; ljudi u gondolama veslali su preko njegovih prsa. Pleća su mu bila široka i dobro razvijena od dizanja tereta. Od belog šortsa naniže sav se pretvorio u noge, čvrste kao stabla. Jedino je u govoru bio pomalo nesiguran, od pijanstva. Ogrlica od sitnih školjki koju je dobio na Filipinima u vreme kad je on, nosilac crnog pojasa u karateu, zarađivao za život popravljajući foto-aparate, klatila se kao omča iznad glave jednog gondolijera. Jednom davno on i Holi bili su ljubavnici nekoliko nedelja.

Tog popodneva, Tod i ja plovili smo u iznajmljenom čamcu s veslima, daleko od obale. „Imala je prevremeni porođaj, carski rez, dvaput nedeljno ide psihijatru i još uvek kuburi s drogom“, rekao je. „Blagoslov? Zeza. Kao da bih je mogao sprečiti da radi šta hoće.“ Čamac se zanjihao na talasiću. „Blagoslov“, ponovio je. „Je li ona ikad čula za feminizam?“

Kad se čamac približio obali, ugledala sam granu kako se savija i uranja u jezero – bila je to jedna jedina rascepljena grana vučjeg drena među zašiljenim jelama.

Kad sam gledala u vodu, bila sam sigurna da ću nagib senke moći da sledim sve do dna; zaronila sam i prevarila se – od celih dvadeset stopa mislila sam da je najviše šest. Povetarac je mreškao vodu tako da je podsećala na čipku.

„Ako joj stvarno treba moja pomoć", rekao je Tod, „mogu je posavetovati o prodaji grnčarije. Kad nam tetka umre, naslediće novac. Video sam obveznice."

Pre dolaska u Vermont, kupila sam telefonsku sekretaricu. Moja prijateljica Linda navraća u stan svakih četiri do pet dana da zalije cveće i presluša traku da vidi ima li neka važna poruka. Prošle nedelje telefonirala mi je i rekla da mora da mi pusti jednu od njih. Uključila je plejbek i prinela slušalicu mikrofonu. Bio je to Džejson, prva poruka nakon ni sama ne znam koliko meseci: „Zdravo, spravo. Želeli ste da čujete baš ovaj glas. On zove da vas pita biste li izašli na večeru. Ili na ručak. Ili na doručak. Ohrabrujem vas, kao što vidite. Da li ovom čudu ikad nestane trake? Danas je nedelja, jedanaest je sati, ja sam u restoranu „Empajer". Pauza. Tiho: „Nedostaješ mi."

„Agava ima biljne vaši", rekla je Linda. „Nikad nisam čula da agava može dobiti biljne vaši. Poprskala sam je onim čudom iz sudopere, a kad dođem sledeće nedelje, poprskaću je insekticidom."

U ponedeljak, posle razgovora s Lindom, otišla sam do puta da zgrnem šljunak koji je bio nasut u rupe što su se pojavile preko zime. Uzela sam lopatu koja je stajala naslonjena na drvo, otresla gusenice s drške i počela da kopam šljunak, misleći kako ne bi trebalo da se javim Džejsonu. Nije rekao da će je ostaviti. Ako prionem na posao, možda neću misliti na to. Onda je došao poštar i pokupila sam hrpu pisama. I evo ga, baš na vrhu gomile, pismo od Eša, ono pismo za koje smo svi znali da će biti napisano. Eš iz Tenesija, koji nema telefon. Eš koji nema Holi.

Odšetala sam do visoke živice lantane – nemoguće je da lantana raste u Vermontu, isto kao što je nemoguće da agava dobije biljne vaši – i učinila nešto najgore što sam ikad učinila. Pročitala sam pismo. Pažljivo sam razrezala koverat noktom kažiprsta, tako da bih ga mogla zalepiti i praviti se nevešta kad Holi primeti da je pocepan. Smislila sam laž još pre nego što sam pročitala pismo. Mogla bih da kažem da je unutra možda bio novac (a zašto bi Eš slao novac?), pa da je neko u pošti koverat prineo svetlosti i... Ne, jednostavno ću svu poštu vratiti u sanduče pa neka ona sama uzme pismo i zabezekne se. Isti takav izraz lica imala sam i ja kad je Džejson pričao o običnim, svakodnevnim stvarima koje su on i njegova žena zajedno radili. Džejson je otišao po nedeljne novine. Na stotinu milja odavde, on je jeo prženice – to je uvek naručivao u „Empajeru". Čula sam zvuke klavira, videla naše odraze na sjajnoj crnoj površini stola, izobličene kao u krivom ogledalu. Pomodno, zabavno mesto, tamo Holi i Eš nikad ne bi ni kročili. U tom pismu tražio je od nje da bude s njim. „Oni te sigurno huškaju protiv mene", pisao je, „ali šta oni znaju. Oni su tu s tobom, na selu, ali oni su ljudi iz grada. To je onaj soj koji zbog jedne ogrebotine odseca celu ruku. Oni će pokušati da zaleče tvoje rane, ali na kraju će ti doći glave. Znam da ovde nije bogzna kako, ali ako bi došla samo nakratko, možda bi ti dobro činilo da se udaljiš od tog rodoskrvnog sveta. Ja ne mislim da bi ti drugo dete moglo zameniti prvo, ali u životu ima vremena da se jedna stvar više puta ponovi. Baš sam čitao jednu knjigu – ovo bi se dopalo tvojim prefinjenim prijateljima – i tamo piše da, zato što je svemir zakrivljen, mi kad vidimo zvezde, to je u stvari samo jedna. Jesi li sigurna da sam ja samo naivni seljačić kao što bi Džejn i tvoj brat želeli da misliš? Dođi bar na nedelju dana, da stojimo zagrljeni u dovratku i gledamo u nebo dok duva povetarac. Onda kaži pristaješ li ili ne."

Crvendać je stajao na putu. Mužjak crvendaća, živih boja. Stajao je tu kao lešinar – lešinar spreman da se nahrani ubijenom životinjom. Ali ni traga od neke mrtve životinje. Ova ptica i ne liči na crvendaća. Ovo je predskazanje taman koliko i papirić koji izvučeš iz kolačića sudbine, a na njemu tvoja budućnost ispisana sa mnogo pravopisnih grešaka.

„Eš", prošaputala sam. „Kako možeš?"

U sanduče sam vratila svu poštu osim njegovog pisma. Iscepala sam ga na komadiće dok sam prelazila put. Crvendać je odleteo. Odletela je i pčela koja je zuzuckala oko mene. Dok sam došla do potoka, pismo sam iscepala na komadiće sitne kao konfete i bacila ih u blato, obazirući se da li je iza mene ostao koji papirić, s osećanjem krivice, kao ubica s čijeg noža kaplje krv. On nju ne zaslužuje. Sve je jasno: to da od jedne zvezde mislimo da su dve zato što je vasiona okrugla, to je gnusna laž.

Todov auto zabrujao je na putu. U ruci je držao nešto okruglo i svetlucavo. „Ovo sam kupio na uličnoj rasprodaji", rekao je. „Da ne poveruješ. Porcija za sto ljudi, mogli bismo se kupati u njoj. Znaš onu Degaovu sliku žene u kadi?"

Ušla sam unutra i nasula sebi votku s ledom. Sela sam na verandu, vrtela čašu u ruci. Na travnjaku je Tod čeličnom vunom čistio gigantski tiganj, spirajući prljavštinu jakim mlazom vode iz šmrka. Setila sam se kako smo Džejson i ja vodili ljubav na keju. Kako smo ronili. Dugo belo crevo protezalo se od zadnjeg dela kuće pa sve do čamca koji se ljuljuškao na vodi – isthemptonski ekvivalent zmije u vrtu.

Jednostavna fraza iz kolačića sudbine: ima neko ko voli Holi više nego što je mene iko ikada voleo. Posle četiri dana, Linda je ponovo pozvala: nije bilo nove poruke od Džejsona. Nisam ni očekivala da će je biti.

Linda je poprskala biljku insekticidom. Sigurno će se oporaviti. Rekla je da ju je sklonila sa sunca pošto bi joj kombinacija svetlosti i hemikalija mogla škoditi.

Svi su mislili da smo Holi i ja sestre, ali ona je bila lepša. Ista duga plava kosa. Vitka tela. U gradu su nam se ljudi osmehivali bez ustručavanja, onako kako se osmehuju blizancima. Neobičnim stvarima. Lepim izuzecima.

Kad sam saznala da sam trudna, prvo mi je pala na pamet amniocenteza, jer je beba moje bliske rođake rođena s neznatnim oštećenjem. Prvo što sam poželela bilo je da zaštitim to dete ako ikako mogu. Do kraja sam samo razmišljala kako bi bilo da mi probuše matericu i izvuku bebu. Taj šašavi romantični ručak – ružičaste latice na našim kolenima, na stolu – i nisam bila u stanju da mu kažem. Imala sam na sebi široku suknju i on je zavlačio ruku ispod nje, približavao stolicu mojoj i zadirkivao me. „Džejson, ja jedem“, govorila sam mu. „Volim te – ne mogu da jedem.“ Hteo je da idemo kod mene. „Imam sastanak“, rekla sam. „Večeras“, rekao je. „Ne mogu večeras“, rekla sam. „Drugi put, neki drugi put.“ Mislio je da se šalim. Kad je nekoliko sati kasnije telefonirao očekujući da ga pozovem da svrati, ležala sam u krevetu nakon abortusa, Linda je sedela na stolici, čitala i pazila na mene; trudila sam se da ne zvučim ošamućeno, iako su mi dali toliko pilula da me je Linda morala maltene nositi do taksija. Učinila sam to jer nisam imala hrabrosti da ga iskušam – da vidim voli li me više od svoje žene. Eš je voleo Holi, i daleko bih otišla ako bih počela da objašnjavam kako to da smo toliko ličile, a ona je ipak bila lepša. Ona je hodala kao neko ko je voljen. Nije izbegavala tuđe poglede dok smo šetale gradom, iz istog razloga iz kog sam ih ja izbegavala. Te noći dok sam je ljuljuškala u krilu mislila sam samo na to koliko je srećna, čak i onda kad njena nesreća deluje tako zastrašujuće. Bila sam uverena da sam u pravu kad sam naredne nedelje, dok sam spuštala roletne spremajući se za popodnevni san, provirila napolje i videla Ešov stari auto, parkiran na onom kobnom putu, i Eša kako trči prema kući, s ogromnom bakljom crvenih gladiola podignutom iznad glave.

KAO STAKLO

Na toj fotografiji jedino muškarac gleda u objektiv. Dete koje sedi u stolici na travnjaku uopšte ne gleda u svog oca već negde drugde. Otac u naručju čvrsto steže škotskog ovčara – bez sumnje pokušava da ga natera da usmeri pogled ka foto-aparatu. Pas okreće glavu tako da njegova njuška gotovo dodiruje beli okvir fotigrafije. Baš me zanima zašto su u to vreme slike imale tako izreckane ivice, kao da su sečene makazicama za nokte.

Škotski ovčar je mrtav. Čovek širokih, opuštenih ramena, sa plastom duge smeđe kovrdžave kose živ je, bar po onome što je meni poznato. Dete je poraslo; taj dečkić postao je moj muž, za koga više nisam udata. Pokušavam da pratim pravac njegovog pogleda na toj fotografiji. Toga mu je dana očito već bilo dosadilo da gleda u oca, ili u psa. Ovo je fotografija deteta koje odsutno gleda u daljinu.

Mnogih se događaja iz vremena kad sam bila u braku sasvim jasno sećam, ali u poslednje vreme stalno mi padaju na um dva, slična, iako nemaju ništa zajedničko. Živeli smo na poslednjem spratu zgrade od smeđeg peščara. Kad smo odlučili da se rastanemo, odselila sam se a Pol je promenio bravu na vratima. Vratila sam se po svoje stvari, ali nije bilo načina da dođem do njih. Otišla sam kući i toliko razmišljala o tome da je ljutina prošla. Bila je zima; hladnoća je prodirala kroz pukotine na prozorima. Sa mnom je bila moja ćerka, i bilo je još toliko drugih stvari na koje je trebalo misliti. A ipak u toj hladnoći, dok sam hodala po stanu u debelom džemperu, dovoljno toplom da se nosi napolju, ili ležala šćućurena na sofi ispod starog crvenkastosemeđeg ćebeta, preplavila bi me romantična osećanja prema mome mužu.

Jednog popodneva (trinaestog februara, dan pre Svetog Valentina) pošto sam popila nekoliko pića, obukla sam dugi zeleni kaput sa ogromnom kapuljačom u kome sam izgledala kao sveštenik, pa sam prišla prozoru i vedela da se sneg na trotoaru topi; znači biće dovoljno da obujem plitke cipele s gumenim đonom i debele vunene čarape. I tako, izašla sam iz kuće i otišla na Šeridan skver; tamo sam kupila Hamleta; listala sam knjigu sve dok nisam našla ono što sam tražila. Onda sam otišla do naše stare zgrade i pozvonila na Larijeva vrata. On živi u prizemlju, ima stan sa baštom. Otvorio je vrata i otključao crnu gvozdenu kapiju. Moj muž je uvek govorio da Lari izgleda kao Loreta Jang i da se isto tako ponaša: uvek je u stanju ushićenja, ima tršavu kosu i bore oko očiju, i nije baš jasno kog je pola. Lari je bio iznenađen što me vidi. Ja umem da budem ljupka kad hoću, pa sam se ponašala pomalo nadmeno i obzirno, osmehujući se kako bih mu pokazala da imam jednu luckastu molbu: da li bih mogla da iz njegovog vrta izrecitujem pesmu mome mužu? Videla sam da Lari gleda u moje ruke koje su se micale u džepovima. U jednom je bio list iscepljen iz Hamleta, u drugom cela knjiga. Lari se nasmejao. Pitao me kako će moj muž moći da me čuje kad je februar i na prozore su postavljena debela zimska stakla. Ipak me je pustio da uđem; prošla sam kroz dugi uzani hodnik, kroz pokrajnju sobu koja mu je služila kao kancelarija i došla do vrata koja su vodila u baštu iza zgrade. Otvorila sam vrata; njegova siva pudlica počela je da mi se mota oko nogu i da laje. Imala je kaputić u koji je bilo zataknuto javorovo lišće i izgledala je kao kaktus.

Podigla sam kamenčić sa zemlje – na rubu staze bili su poređani kamenovi, dodirujući se kao da su spojeni u lanac. Hitnula sam kamen ka prozoru spavaće sobe moga muža na četvrtom spratu, i – tap! – pogodila ga iz prve. Krajičkom oka posmatrala sam izraz zbunjenosti na Larijevom licu. Onda sam svu svoju pažnju upravila na lice mog muža koje se pojavilo na prozoru, najpre izobličeno od besa, a onda začuđeno. S pogledom na istrgnuti list recitovala sam Ofelijinu pesmu, njišući se tamo-amo:

> Sutra je praznik svetog Valentina;
> Svak usta rano u zoru,
> A mene mlade tvome prozoru
> Evo, da budem tvoja Valentina.*

„Ti nisi normalna", doviknuo mi je Pol. Zaista je vikao, ali glas mu se istopio u vazduhu. Dolebdeo je do mene.

„Ja sam kriv", rekao je Lari promolivši nos. Sav drhtav i šćućuren, digao je pogled ka četvrtom spratu. „Ja sam je pustio unutra."

Kad je dunuo vetar, osetila sam miris jasmina. Stavila sam previše parfema. Čak i ako me pusti da uđem, ustuknuće; neće hteti da budem njegova Valentina. I naravno, prvo što je primetio kad je sišao da me izvede iz bašte bio je zadah viskija iz mojih usta.

„Pogrešila sam", rekla sam dok me je vukao za ruku pored Larija koji je stajao u predsoblju sa razlajanom pudlicom u naručju. „Popila sam samo dva viskija. Tek kad je dunuo vetar, shvatila sam da mirišem kao cvećara."

„Pa naravno da si pogrešila", rekao je. Gotovo da mi je slomio ruku, toliko je bio jak njegov stisak. Onda ju je naglo ispustio, popeo se stepenicama i zalupio vrata za sobom. Posmatrala sam kako se preko četiri staklena okna iznad vrata šire pukotine, tanke kao vlas.

Drugi događaj zbio se u srećnija vremena, prilikom naše posete mojoj sestri Karin koja živi u Dvadeset trećoj ulici. Bilo je to onda kad smo se upoznali s njenim

---

* Prevod Simića i Pandurovića. – *Prim. prev.*

verenikom Denom, i kad smo doneli bocu šampanjca. Prvo smo pili njeno vino; jeli smo sir, razgovarali, pušili travu, a u neko doba posle ponoći moj muž je iz frižidera izvadio naše vino – španski šampanjac u crnoj boci. Odmakao je flašu od sebe, i svi smo žmirkali, nemo ga posmatrajući. Istog trenutka kad je čep izleteo i mi viknuli „Ura!", „To, majstore!" ili već nešto u tom stilu, začulo se pljuštanje stakla: Pol se sagnuo i mi iznad njega ugledasmo rupu na krovnom prozoru, i kroz nju crno nebo.

Upravo sam ova dva događaja ispričala mojoj šestogodišnjoj ćerki Elizi. Ona je nekad volela da sluša priče koje se završavaju poukom, kao bajke, ali sad misli da su to stvari za malu decu. Još uvek želi da zna značenje svake priče, ali sad očekuje da joj ja rastumačim. U čemu je suština ove dve priče? E pa ne znam, stalno joj govorim da ne znam. Valjda u tome što je on staklo razbio sasvim slučajno; to što je čep probio staklo, to je čudo. Suština je u ovome: slomljeno staklo je slomljeno staklo.

„Tako se završavaju vicevi", kaže ona, mršteći se. „Bez veze."

Klonula sam, suviše umorna da razmišljam, pa joj pričam još jedan deo priče, kako bih joj odvukla pažnju: teča Den i tetka Karin rekli su kućepazitelju da je tu rupu napravilo nešto što je palo odozgo. Znao je da lažu – iznad njih nije bilo ničega – ali šta je mogao da kaže? Pitao ih je ne misle li možda da to iz zagađenog njujorškog vazduha padaju meteoriti koji se skvrče na veličinu loptice-skočice. On je mrzeo svoje stanare, i ne samo njih – ceo grad.

Ona primećuje da skrećem s teme. Uzima kolonjsku vodu sa svog noćnog ormarića, podiže dugu plavu kosu i ja je prskam po vratu. Onda ona sama poprska članke, protrlja ih i pruži mi ruku da pomirišem. Napravim grimasu kao da sam ošamućena od tog predivnog mirisa. Milujem je po kosi sve dok se ne umiri, i izlazim na prstima, krećući se pažljivo kao da hodam po razbijenom staklu.

*

Jednom nedeljno po dva sata čitam slepom čoveku koji se zove Norman. Za ovu godinu dana koliko to radim, mi smo se nekako sprijateljili. Obično me dočeka pitanjem poput: „Šta ima novo kod vas?" Sedi za radnim stolom, ja kraj njega, na stolici. Tako sede učitelj i učenik, i već sam se navikla da ga puštam da me propituje.

Ustaje da otvori prozor. U njegovoj maloj radnoj sobi uvek je pretoplo. Pokreti su mu prenaglašeni, kao u ptice: trza glavom, a kad mu je dosadno hvata se za sto. Prvo zgrabi ivicu stola, pa popusti stisak, onda je opet čvrsto stegne, kao papagaj koji se pomera na šipki. Norman nikada nije video pricu. Njegova osmogodišnja ćerka voli da mu opisuje predmete, ali je vragolasta i ponekad namerno laže, rekao mi je to. On joj kupuje svakojake stvarčice u prodavnici trikova, na uglu ulice gde radi. Donosi kući tablete od kojih se piće zapenuša,. alarm koji se može sakriti u šaci, crne muve od plastike koje se stavljaju u kockice leda, masku s velikim nosem, gumenim monoklom pričvršćenim za njega i čupavim brkovima. „Tata, sad sam stavila moju nosekanju", kaže ona. „Tata, stavila sam ti muvu u led pa je ispljuni ako je nađeš u piću, jesi li razumeo?" Eliza i ja bile smo dvaput, kod njih na večeri. Moja ćerka misli za njegovu da je malkice uvrnuta. Kad smo poslednji put bile u poseti, dok su se devojčice igrale a Norman prao posuđe, njegova žena mi je pokazala nove tapete u predsoblju. Sto godina je premišljala kakve tapete da uzme, rekla je. Stajale smo tamo, tako sićušne spram sjajnih srebrnastih stabala koja njen muž nikad neće moći da vidi.

Šta ima novo u mom životu? Moj razvod je svršena stvar.

*

Moj muž pamti kako je nastala ta fotografija. Rekla sam mu da je to nemoguće zato što je bio beba. Ne, ka-

32

že on, u vreme kad je fotografija nastala već je bio dečko, samo izgleda kao malo dete zato što je bio zavaljen u stolici. Seća se svega, kao kroz maglu. Tamo su bili pas Rufus i njegov otac, a njegov pogled podignut je uvis zato što je tamo stajala njegova majka s foto-aparatom u ruci. Našla sam se u čudu: zašto li sam napravila misteriju oko nečeg što ima tako jednostavno rešenje? To je fotografija deteta koje gleda u majku. Po hiljaditi put me pita zašto se povodim za mračnim mislima, zašto ga zovem usred noći.

Eliza je zaspala. Sedim u polumraku, na ivici njenog kreveta, i izazivam sudbinu: premećem po rukama bleštavocrveni pritiskač za hartiju i bacam ga uvis. Jedan pogrešan pokret i ona će se probuditi. Jedna omaška i staklo će prsnuti. Volim što je tako glatko i tako teško dok iznova s pljeskom pada na moj dlan.

Kad sam danas bila kod Normana, sedeo je na prozorskoj dasci, s rukama prekrštenim na grudima. Jutros je imao neki sastanak u gradu; prišao mu je jedan čovek i rekao: „Budite zahvalni za svoju pokoru. Ko ne ume sam da zgrabi, biva zgrabljen." Norman mi priča ovo, pa oboje ćutimo. Želi li da mu ja kažem šta to znači, kao što Eliza želi da joj objasnim suštinu svake priče? I Norman i ja smo odrasli ljudi, pa ja na svoje neizrečeno pitanje odgovaram drugim: šta da se čini s krhotinama tuge?

GRAVITACIJA

Moja omiljena jakna kupljena je kod „L. L. Bina". Iz Mejna je dospela u Atlantu, gde ju je jedan moj bivši momak otkrio u nekom okasionu i kupio mi je za rođendan. Iako mu je bila malo tesna, obukao ju je kad je pošao na sastanak. Rekao je da bi tu jaknu zadržao za sebe da ja nisam izjavila da mi se dopada. U džepu sam našla malo skroba i čokoladicu, koju je tu namerno ostavio.

Za ovih osam godina, koliko je nosim, pogubila sam svu dugmad osim onog ispod okovratnika – njega nikad ne zakopčavam jer niko drugi to ne čini. Četiri dugmeta su otpala, a sećam se jedino kako je nestalo ono pretposlednje: primetila sam da visi ali sam mislila da neće otpasti. Kasnije, dok sam puzala po podu, rekla sam: „Podrazumeva se, pošto nisam ni mrdnula s ove barske stolice, da ono mora biti baš ovde na podu"; pijano sam buljila u pod ispod stolice u kafeu „Central".

Nik, čovek s kojim sada šetam, nikako ne bi mogao da stane u moju jaknu, a voleo bi kad ne bih mogla ni ja. On tu jaknu mrzi. Kad sam mu rekla da nameravam da kupim zimski šal, izjavio je da bi uz nju sasvim fino išli i mišji repovi. Svaki čas zastaje pred izlozima, nudi se da mi kupi džemper ili kaput. Ne vredi.

„Ja ludim", kaže mi Nik, „a ti padaš u depresiju zbog izgubljene dugmadi." Nastavljamo da hodamo. Bocka me u slabinu.

„I klikeri mogu da zamene dugmad."

„Jesi li ikada igrao klikera?"

„Igrao?" pita. „Ja sam mislio da se u njih samo gleda."

„Ne bih rekla. Mislim da ima neka igra u kojoj se koriste klikeri."

„Kad sam bio klinac, imao sam kutije od cigareta pune klikera. Zar to nije super? Skupljao sam klikere, marke, novčiće i slike iz 'Plejboja'."

„Sve to u isto vreme?"

„Kako to misliš?"

„Valjda si prvo skupljao marke, pa tek posle slike iz 'Plejboja'?"

„Sve u isto vreme. Lupu sam koristio da gledam slike, a ne marke."

Leva strana jakne prekriva desnu, čvrsto stežem ruke na grudima da je pripijem uza se. Nik to primećuje i kaže: „Nije tako hladno." Grli me oko ramena.

Dobro, kaže. Nije hladno. Prošlog petka popodne doktor mi je rekao da u sredu, dakle prekosutra, moram u bolnicu na testiranje. Hoće da vide da li je bol koji osećam s leve strane uzrokovan začepljenjem jajovoda, a ja sam takva kukavica. U „Staklenom zvonu" poverovala sam samo u paranoičnu ideju Ester Grinvud da kad si u besvesnom stanju osećaš bol na koji kasnije potpuno zaboraviš.

Sklonio je ruku s mojih ramena. Jednom rukom sam stezala jaknu uza se, drugom ga uhvatila za članak, da ga nateram da izvuče ruku iz džepa.

„Daj tu ruku", kažem. Hodamo tako.

Sva druga dugmad otpala su a da uopšte nisu izgledala razlabavljena. Otpala su prošle zime. Tada sam se zaljubila u Nika i sve drugo činilo se nevažnim. Mislila sam da ću na leto ušiti novu dugmad. Sad je oktobar, hladno je. Hodamo Petom avenijom; od bolnice u kojoj je testiranje udaljeni smo samo nekoliko blokova. Kad to shvati, skrenuće u neku pokrajnju ulicu.

„Nećeš umreti", kaže.

„Znam", kažem. „I nema svrhe brinuti se ako već znam da neću umreti, je l' da?"

„Nemoj da mi prigovaraš", kaže on, i zaokreće u Dvadeset šestu ulicu.

*

Večeras na nebu nema zvezda pa Nik priča o njima. Pita me jesam li ikada razmišljala o tome šta se dešavalo u glavi astronoma koji je prvi okrenuo svoj moćni teleskop u pravcu Saturna i veideo ne samo planetu, već i prstenove-omče od dima. Zastaje da pripali cigaretu. Hrizanteme koje rastu pored Park avenije samo su nerazgovetne mrlje koje se pomaljaju iz mraka. Setim se De Hemovih cvetova: ako njegovim platnima priđeš sasvim blizu, videćeš puža sklupčanog na peteljci i bubice koje prekrivaju listove. Isto kao kad uzbereš cveće u bašti – puž koji izgleda kao gnoj, takav je i pod prstima, penje se uz stabljiku.

„Nećeš umreti", rekao je Nik prošlog petka. Ustao je s kreveta i odmakao me od vaze s cvećem. Tog dana bila sam kod lekara, pa smo otišli da vikend provedemo kod Džastina. (Kad je pre dobrih deset godina Nik počeo da živi sa Barbarom u Šesnaestoj ulici Džastin im je bio prvi komšija.) Bilo je lepo, kao i uvek u njegovoj seoskoj kući. U spavaćoj sobi stajala je vaza s margaretama; kad sam prišla da ih pomirišem, videla sam puža i rekla da liči na gnoj. Nije mi bio odvratan – samo mi je bilo žao što je tu; bila sam radoznala i dotakla sam ga.

„Džastin nema pojma zbog čega ti plačeš. Nije on to zaslužio", prošaputao je Nik.

Kad sam ga dotakla, puž nije uvukao rogove, niti je nastavio da puzi.

*

Činjenice: ime joj je Barbara. Ona je Kameni Bedem. Niska je, lepuškasta i ima vlast nad njim, iako se nikada nisu venčali, iz prostog razloga što se prva pojavila. Ona je Kameni Bedem.

Prošle godine slavili smo Božić kod Džastina. Džastin želi da misli da smo mi jedna porodica – on, Nik i ja. Od prave porodice ima samo jednu tetku na Novom Zelandu. Kad je bio dete, ona je mesila neke debele kolače koji su uvek bili nedopečeni. Džastin je veći romantik čak i od mene. On misli da bi Nik trebalo da zaboravi Barbaru i da se sa mnom useli u kuću u susedstvu, koja se prodaje. Džastin, u toplim papučama, prugastim dokolenicama i beloj pidžami u kuhinji kuva čaj za laku noć i kaže: „Daj mi reci ima li išta što može biti tako patetično kao prehlađeni peško.“

Barbara je nazvala, pa smo pokušavali da se pravimo nevešti. Posle božićne večere Džastin i ja jeli smo hladne narandže. Džastin je sipao šampanjac. Nik je razgovarao s Barbarom. Džastin je dunuo u sveće i nas dvoje ostali smo u mraku; Nik, koji je stajao kraj telefona, osvrnuo se da pogleda u zamračeni ugao i zbunjeno se namrštio.

Kasnije te večeri, dok je stajao u kuhinji, Nik je rekao: „Džastine, kaži joj pravu istinu. Reci joj da na Božić uvek padaš u depresiju i da se zato napijaš. Kaži joj da to nema nikakve veze a telefonskim pozivom jedne žene koja ti se nikad nije dopadala.“

Džastin je opet kuvao čaj da se rastrezni. Njegova ruka nad ringlom čas se podizala, čas se spuštala...

„Iskušavaj ga“, šapuće mi. „Nemoj ti da se opečeš.“

*

Neka gospođa prolazi kraj nas, ima plav šešir ukrašen perjem; obod izgleda kao posut strelama koje su odapeli neki ludi Indijanci. Ljubazno se osmehuje. „Zmije mile iz pakla“, kaže.

U baru, na Leksingtonu, Nik kaže: „Reci mi zašto me toliko voliš.“ Ne praveći pauzu, dodaje: „Samo bez poređenja.“

Kad god je u nedoumici – kad god je potpuno izgubljen – uvek je to jednim delom zbog nje. Kao da sve dublje ulazimo u šumu a ja rizikujem da on zastane i pomiriše neki začarani cvet, ili da, kao Narcis, ostane prikovan za neki zdenac. Po onome što mi je rekao o Barbari, ja znam da je ona duboka i hladna.

Dok sam kod lekara ležala na stolu za preglede prekrivenom belim papirom, pokušala sam da ne obraćam pažnju na njega, već da se usredsredim na zavrtanj koji je pričvršćivao jedan od četiri ugla plosnate bele lampe na plafonu. Jednom kad sam bila mala, izgubila sam se u šumi. Imala sam samo jedan maslačak uza se i, u očaju, držala sam ga kao svetiljku; od njegove žute cvasti zamišljala sam da je snop svetlosti. Moji roditelji, koji su me mogli spasti, napijali su se na nekoj žurci, a ja sam hodala u pogrešnom pravcu, udaljujući se od kuća koje sam mogla videti. Hodala sam sve sporije, sva u strahu.

Ovome događaju Nik pridaje veliki značaj. On misli da sam se izgubila u sopstvenom životu. „Pa dobro", kažem dok me on požuruje. „Sve je simbolično."

„Kako misliš da me ućutkaš kad neprestano praviš poređenja?"

„Nije tačno", kažem. „Kad te čujem kako govoriš, dođe mi da pružim ruke da primim packe. Samo kritikuješ, kao neki učitelj."

*

Šetnji je kraj. Učinio mi je po volji: hodali smo do njenog stana celih trideset blokova umesto da uzmemo taksi; ona će se možda zabrinuti što ga nema, pogledaće kroz prozor, i videće da je sa mnom došao sve do vrata, videće sve – čak i poljubac.

Njega čudi to što se meni i Barbari u isto vreme događaju slične stvari. Ona se ošišala istog dana kad sam ja skratila kosu. Kad mi je zubar rakao da mi se desni malo povlače nagore, ponadala sam se da će me nadmašiti tako što će njoj izrasti kljove. Umesto toga, onda kad je mene zabolelo nešto s leve strane, ona je osetila mnogo jače bolove. Sada se polako oporavlja, vratila se kući nakon operacije kičme, i on je ponovo s njom.

Jesen 1979. Tokom šetnje videli smo dvoje kako se ljube, troje ljudi koji su šetali psa, jedan par se svađao, taksista koji se parkirao ispred dragstora skidao je gornjak od džinsa i oblačio crnu kožnu jaknu. Navukao je kožnu kapu na čelo, bacio gornjak na zadnje sedište i odvezao se ka centru grada pošto je napravio zaokret u obliku slova U na Park aveniji. Neki čovek posmatrao me je kao da stojim iza vašarske tezge i delim poljupce, a jedna žena je Nika pogledala tako izazovno da je počeo da se smeje, ne mareći što ga ona može čuti.

„Ne mogu to da podnesem", kaže Nik.

Pri tom ne misli na njujorške ludosti.

*

Nakon poljupca otključava spoljna vrata svojim ključem, i za trenutak stojimo pripijeni u prostoru između spoljnih i unutrašnjih vrata. Ja to zovem zatvor. Mrtvački kovčeg. Dva astronauta na putu do Meseca, vezani remenom. Stajala sam tu i osećala, ne jednom, lakoću kao od nepostojanja gravitacije, ali moje bestežinsko stanje poticalo je od tuge i straha.

Barbara je gore, čeka ga, a Nik ne zna šta da kaže. Ne znam ni ja. Napokon me privlači sebi, kako bi prekinuo tišinu. Govori mi kako sam ono, kad sam htela da ga uzmem za ruku, rekla: „Daj tu ruku."

Njegova desna ruka je ispružena, prsti počivaju između mojih grudi. Spustim pogled na časak, kao hirurg koji se za trenutak dvoumi, ili pribira samopouzdanje, dok posmatra prozirnu gumenu rukavicu pripijenu uz kožu: to jeste njegova ruka, a i nije, ona će sad učiniti nešto važno, ili nešto što uopšte nije važno.

„Neko drugi rekao bi 'daj mi ruku'", kaže Nik. „Ti si to rekla tako da je zazvučalo kao da ta ruka ne pripada mom telu." Gladi me po jakni. „Ti imaš svoju pancir košulju. Potrudiću se da te ona zaštiti. Bar spolja."

Da ne pripada telu, ta bi ruka mogla biti Magritov simbol: zamak na steni koja pluta okeanom; zelena jabuka otpala sa drveta.

Nju samu prepoznala bih ma gde bila.

39

U BELOJ NOĆI

„Ne misli na krave", rekao je Met Brinkli. „Ne misli na reku, ne misli na auto, ne misli na sneg..."

Met je stajao na vratima i urlao za svojim gostima. Njegova supruga Gej zgrabila ga je za ruku i pokušala da ga uvuče u kuću. Zabava je završena. Kerol i Vernon osvrnuli su se da im mahnu i zahvale se dok su jedno drugo tiho opominjali da paze. Stepenice su bile klizave od snega; ledeni sneg je već satima vejao, smrznuta zrnca mešala su se s lakim pahuljama, tako da su se onog trenutka kad više nisu bili zaštićeni verandom Brinklijevih osmesi zamrzli na njihovim licima. Snežni oblaci što su zasipali Kerolino lice podsetili su je na pesak koji se diže u vazduh, na peckanje koje izaziva; čudno je da se takvog nečeg setila baš noćas.

„Ne misli na jabuku!" podvrisnuo je Met. Vernon se osvrnuo da mu uputi osmeh, ali vrata su već bila zatvorena.

U malim krugovima svetlosti ispod uličnih lampi činilo se da u komešanju pahulja ima nekakve pravilnosti. Kad bi se samo vreme moglo zamrznuti, pahuljice bi postale čipkasti filigranski ukras na liciderskom srcu. Kerol se namršti. Otkud mu je samo jabuka pala na pamet? Sad su joj se na sve strane priviđale jabuke, nanizane u vazduhu; predeo ispred njih pretvarao se u nerazumljivu nadrealističku sliku.

Sneg će padati cele noći. To su čuli na radiju dok su se vozili ka kući Brinklijevih. Ta igra „ne misli na to i to" počela je šalom – Met je Vernonu prepričavao neku dugačku priču, pomalo zastrašujuću, sudeći po Vernonovom izrazu lica. Kad je negde oko ponoći Kerol prišla Vernonu i rekla da bi trebalo da pođu kući, Met je šapatom zbrzao ostatak te priče, šale, čega već, Vernonu na uvo, sve u hitnji. Izgledali su kao deca koja ćućore sagnutih glava, ali Vernon se nagnuo kao da hoće da sakrije širok zloban osmeh. Vernonova i Kerolina ćerka Šeron i Metova i Gejina Beki sedele su jedna kraj druge, pripijenih kolena i isto se tako sašaptavalekao kad su bile male – te u žurbi izricane tajne nisu se ni na šta obazirale. Kad bi se sad setila tog prizora, Kerol nije mogla da ne pomisli da je u tome bilo neke seksualne intimnosti. Ispostavilo se da je Beki Brinklijevima zadala dosta glavobolje. U trinaestoj je pobegla od kuće, a prilikom jednog razgovora u porodičnom savetovalištu, mnogo godina docnije, njeni roditelji saznali su da je u petnaestoj abortirala. Nedavno je izbačena sa koledža. Trenutno radi u Bostonu u jednoj banci i pohađa večernje kurseve književnosti. Književnosti ili knjigovodstva? Jabuka koja se ponovo pojavila pred Kerol, dok su brisači otirali sneg sa stakla, preobrazila se u crvenu posudu, pa opet u jabuku, postajala je sve okruglija kako su se kola približavala raskrsnici.

Celog dana bila je kao slomljena. Osećanje teskobe uvek ju je iscrpljivalo. Znala je da to neće biti velika zabava; knjiga gospodina Grejma, prijatelja Brinklijevih, upravo je bila primljena u štampu i znala je, naravno, da će se najviše o tome govoriti, ali se plašila da će to za sve njih biti preveliki teret. Brinklijevi su se upravo bili vratili sa Srednjeg zapada, sa sahrane Gejinog oca, i reklo bi se da je planirani prijem pao u nezgodno vreme. Kerol je pretpostavljala da je Met bio taj koji nije hteo da otkaže zabavu, a ne Gej. Okrenula se Vernonu i upitala ga kako su mu delovali Brinklijevi. Fino, izbacio je bez razmišljanja. Još pre nego što je progovorio, znala je šta će reći. Ako se dvoje ljudi ne svađaju pred svojim prijateljima, onda oni nemaju nikakvih problema; ne teturaš se od zida do zida, znači nisi pijan. Vernon se jako trudio da bude razborit, ali je uvek umeo

41

da oseti kad je nečiji bol stvaran. Instinktivno je činio sve da ozbiljne stvari razveje šalom, ali je isto tako umeo da u trenutku skine osmeh s lica i zagrli čoveka. Za razliku od Meta, bio je srdačan, ali kad bi mu neko neočekivano pokazao svoja osećanja, on bi se zbunio. Isti savetnik kod koga su išli Brinklijevi (Vernon je odbio da ga posećuje a Kerol je shvatila da ne želi više da dolazi bez njega) rekao je Kerol da je Vernonu možda nelagodno zbog izliva ljubaznosti zato što sebe krivi za Šeroninu smrt: nije je mogao spasti, te je stoga svaku ljubaznu reč koja mu je bila upućena primao kao nešto nezasluženo. Ali Vernon je bio najmanje kriv za ono što se dogodilo. Sećala se kako se u bolnici pravio nevešt kad bi Šeron tražila da joj doda ukosnicu sa noćnog ormarića: uzeo bi je pa bi žutu patkicu zakačio sebi u kosu, iznad uha. Neprestano se trudio da joj izmami osmeh – vrh njenog nosića dodirivao je nosem od dugmeta neke punjene životinje i čačkao je po uvcetu. Kad je Šeron umirala, Kerol je, ni sama ne zna zašto, stajala leđima naslonjena na vrata, a Vernon je sedeo na njenom krevetu, usred bojnog polja pastelnih životinjica.

Bezbedno su prošli poslednju raskrsnicu na putu do kuće. Kad su skrenuli u svoju ulicu, kola su se prvi put zanela. Srce joj je snažno zalupalo kad je osetila kako automobil postaje nesiguran, ali uspeli su da pređu klizavicu. On je vozio pažljivo; ona nije rekla ni reč, praveći se da nije primetila šta se dogodilo. Je li Met pominjao Beki, upitala je. Ne, odgovorio je Vernon; nije želeo da pokreće bolne teme.

Gej i Met su u braku već dvadeset pet godina; Kerol i Vernon dvadeset dve. Vernon je ponekad sasvim otvoreno govorio da su Met i Gej njihovi dvojnici koji umesto njih prolaze kroz krize, i spasavaju ih od haosa koji bi morali da dožive. Za Kerol je već pomisao da jedan njegov deo zaista veruje u to bila strašna. Zar bi iko mogao poverovati u to da na ovom svetu ima načina da se zaštitimo, da postoji neko ko bi nam to mogao ponuditi? Sve se dešava nekako nasumice: ako se dogodi nešto užasno, to ne isključuje mogućnost da se nešto slično može ponoviti. Onaj uglađeni internista koji je lečio Vernona istog proleća kad je Šeron umrla pogledao ga je dok mu je vadio krv i neusiljeno primetio da bi bila nepodnošljiva ironija ako bi se ispostavilo da i Vernon ima leukemiju. Rezultati testa pokazali su da je u pitanju mononukleoza. Onda kad se zapalila božićna jelka, potrčala je da je ugasi plješćući rukama kao činelama; Vernon ju je povukao u stranu taman na vreme da se ne pretvori u buktinju zajedno sa drvetom. Kad je trebalo Hoboa, njihovog psa, da uspavaju pre odlaska na odmor u Mejn, ona odvratna veterinarka hladnih zelenih očiju osudila ga je na smrt iz nehata, položivši svoju manikiranu ruku na drhturavo pseće krzno i nazvavši ga „Bobo“, kao da je njihov pas cirkuski klovn.

„Ti plačeš?“ rekao je Vernon. Stajali su u predsoblju i on se upravo okrenuo da joj doda ružičastu vešalicu za kaput.

„Ne plačem“, odgovorila je. „To je od vetra.“ Stavila je jaknu na vešalicu koju joj je pružio i otišla u kupatilo. Zarila je lice u ubrus. Posle nekog vremena pogledala se u ogledalu. Jako je bila pritisnula ubrus pa joj se mutilo pred očima. Setila se onog foto-aparata koji su imali kad je Šeron bila mala: kad se pogleda u vizir, videla su se dva lika, i sam si morao da ih prilagodiš tako da se preklope, i onda bi se figura jasno videla. Potapkala je ubrusom oči i zadržala dah. Ako nije mogla da prestane da plače, Vernon i ona vodili su ljubav. Kad god je bila jako tužna, on je osećao da njegov urođeni optimizam tu ne pomaže – zanemeo bi; a onda kad više nije bio u stanju da progovori, pružao bi ruke ka njoj. Tokom svih ovih godina prevrtao je vinske čaše kad je posezao za njenom rukom preko stola. Dok je stajala u kupatilu, najednom bi se našla u njegovom zagrljaju; ukoliko bi posumnjao da će zaplakati, krenuo bi za njom čak i tamo – ušao bi bez kucanja i zgrabio je u naručje.

Otvorila je vrata i uputila se stepenicama, a onda je shvatila, zapravo pre osetila nego što je videla, da je u dnevnoj sobi upaljeno svetlo.

Vernon je ležao na sofi prekrštenih nogu; jednom nogom se odupirao o pod, druga se klatila u vazduhu. Ma koliko da je bio iznuren, uvek je pazio da cipelama ne stane na sofu. Bio je visok, i nije se mogao ispružiti a da glavu ne nasloni na ruku. Iz nekog razloga nije ostavio njenu jaknu na mesto. Ležala je preko njegove glave i ramena, razapeta kao šator, dizala se i spuštala od njegovog disanja. Stajala je mirno sve dok se nije uverila da on zaista spava a onda je tiho ušla u sobu. Nije se mogla sklupčati kraj njega, sofa je bila preuska. Nije želela da ga probudi. Vratila se do plakara u hodniku i izvadila dugi elegantni kaput od kamilje dlake koji te večeri nije nosio zbog snega. Izula je cipele, tiho mu prišla i ispružila se na podu kraj sofe; kaput je kao veliko ćebe navukla preko sebe tako da joj je okovratnik dotakao usne. Onda je skupila noge i osetila toplotu.

Dešavaju se takve čudne stvari. Malo je sličnosti između prošlih dana i budućih. Oni su u svojoj kući koja ima četiri spavaće sobe a spremaju se na počinak u ovom čudnom položaju, jedno iznad drugog, u najvećoj i najhladnijoj od svih soba. Šta bi ljudi rekli?

Naravno, ona je znala odgovor na to pitanje. Onaj ko ih ne zna, pomislio bi da ih je savladalo pijanstvo; prijatelju bi sve bilo savršeno jasno. Vremenom su oboje naučili da ne pričaju o tome kako se bore s neumitnom tugom koja ih je obhrvala, uvek tako neočekivana ali stvarna, tako stvarana da ju je čovek morao istog trenutka prihvatiti na isti način kao i snežne padavine. Napolju, u belini ove noći, njihova kći možda lebdi kao anđeo i možda je za trenutak zastala da vidi ovaj prizor – jedno neophodno, malo mirenje sa sudbinom.

JANUS

Zdela je bila savršena. Možda u mnoštvu sličnih niko ne bi izabrao baš nju, možda ne bi neizostavno privukla pažnju na nekom sajmu zanatstva, a ipak je bila vrlo upečatljiva. Moglo bi se očekivati da će joj se ljudi diviti kao psu mešancu koji ne sluti da smešno izgleda. A upravo takav jedan pas često je sa tom zdelom odlazio i vraćao se.

Andrea se bavila prometom nekretnina, i kad god bi joj palo na pamet da eventualni kupci možda vole pse, pustila bi s uzice svoga psa u isto vreme kad je postavljala zdelu u kući koja je bila na prodaju. U kuhinji bi ostavila posudu s vodom za Monda, a iz torbice bi izvadila njegovu piskutavu plastičnu žabu i spustila je na pod. On bi se oduševljeno zaleteo, kao što je to svakog dana činio kod kuće, i počeo bi šapom da udara svoju omiljenu igračku. Zdela je obično stajala na čajnom stočiću, mada ju je u poslednje vreme postavljala na sanduk za posteljinu od borovine ili lakirani sto. Jednom je bila postavljena na sto od trešnjevog drveta ispod Bonarove mrtve prirode, na kojoj je isto tako bila naslikana zdela.

Svako ko kupuje ili prodaje kuću mora da zna neke trikove pomoću kojih se kupcu pokazuje da je ta kuća nešto posebno: vatra u kaminu u sumrak; ćup sa narcisima na kuhinjskoj polici, gde inače nema mesta za cveće; nenametljiv miris proleća koji isparava iz grlića sijalice.

Po Andreinom mišljenju, ta zdela je bila čudesna upravo zato što je u isto vreme bila i prefinjena i uočljiva.

Svojevrstan „paradoks zdele“. Imala je glazuru krem boje i činilo se da uvek sjaji, bez obzira na kakvom se svetlu nalazila. Tu i tamo bilo je i prisenka boje, sitnih geometrijskih oblika od kojih su poneki bili umrljani srebrnom bojom. Delovali su tajanstveno poput ćelija pod mikroskopom; teško je bilo ne udubiti se u njih jer su treperili, na časak bi blesnuli pa ponovo poprimali svoj oblik. Nešto u tim bojama i njihovom slučajnom razmeštaju davalo je utisak kretanja. Ljudi koji su voleli seoski nameštaj uvek bi prokomentarisali zdelu, ali ispostavilo se da se jednako dopada i onima koji su se jedino u „bidermajeru“ osećali udobno. Zdela uopšte nije bila napadna, niti toliko uočljiva da bi neko mogao posumnjati da je namerno postavljena na određeno mesto. Oni bi možda primetili visinu plafona čim bi ušli u sobu, a kad bi spustili pogled, ili ga skrenuli u stranu pred odrazom sunčevog svetla na belom zidu, ugledali bi zdelu. Istog trenutka prilazili su joj i nešto bi prokomentarisali. Međutim, kad bi pokušali nešto da kažu, počeli bi da zamuckuju. Možda je to bilo tako zato što su u tu kuću došli s ozbiljnim namerama, a ne da zagledaju tamo neki predmet.

Jednom je Andreu nazvala neka žena koja nije istakla ponudu za kuću koju je pokazala. Ta zdela, rekla je – može li saznati gde su vlasnici kupili tu lepu zdelu. Andrea se pretvarala da ne zna o čemu je reč. Neka zdela u kući? Aha, na stolu ispod prozora. Da, naravno, pitaće. Pustila je da prođe nekoliko dana, pa je pozvala tu ženu da joj kaže da su vlasnici zdelu dobili na poklon i da ne znaju gde je kupljena.

Onih dana kad se nije selila od kuće do kuće, zdela je stajala na Andreinom stočiću. Uvek ju je nosila u kutiji, ali je kod kuće nikada nije držala zapakovanu; držala ju je na stolu jer je volela da je gleda. Bila je i suvuše velika da bi se mogla oštetiti ili razbiti ako bi se sto prevrnuo ili se Mondo u igri spotakao o nju. Zamolila je muža da ključeve od kuće ne ostavlja u zdeli. Ona je trebalo da bude prazna.

Kad je njen muž prvi put primetio zdelu, zagledao se u nju i ovlaš se osmehnuo. Uvek ju je podsticao da kupuje stvari koje joj se dopadaju. Ranijih godina sticali su imetak da bi nadoknadili sve one godine nemaštine kad su bili studenti, a sad, kad su već duže bili situirani, zadovoljstvo u posedovanju novih stvari iščezavalo je. Njen muž izjavio je da je zdela „baš lepa" i okrenuo se ne zagledajući je. Ta ga posuda nije zanimala koliko ni nju njegov novi auto.

Bila je uverena da joj zdela donosi sreću. Često su isticane ponude za kupovinu upravo onih kuća u kojima ju je izlagala. Vlasnici, od kojih je uvek zahtevano da se sklone ili odu nekud dok se kuća razgleda, često nisu ni znali da se zdela nalazila u njihovoj kući. Jednom ju je zaboravila, ni njoj samoj nije bilo jasno kako, i toliko se uplašila za nju da je odjurila natrag do kuće i odahnula kad je vlasnica otvorila vrata. Zdela, objašnjavala joj je Andrea, kupila sam jednu zdelu pa sam je stavila na škrinju dok sam kupcima pokazivala kuću, pa sam... Došlo joj je da jurne u kuću mimo namrštene žene i dograbi svoju zdelu. Vlasnica se izmakla i začuđeno ju je pogledala tek kad je pojurila ka škrinji. Časak jedan pre nego što je uzela zdelu, Andrea je shvatila da je vlasnica kuće morala primetiti da je postavljena na savršeno mesto, da sunčeva svetlost obasjava njenu plavlju polovinu. Njen krčag bio je pomeren skroz u stranu, a zdela je zauzimala centralno mesto. Na putu kući, Andrea se sve vreme pitala kako ju je mogla zaboraviti. Kao da pođeš s prijateljem na izlet, pa jednostavno odeš, ostaviš ga. Ponekad je u novinama čitala priče o porodicama koje su na putovanju zaboravljale svoju decu i odlazile dalje, do sledećeg grada. Andrea se setila zdele pre nego što je prešla celu milju.

Katkad je zdelu sanjala. Dvaput, pre buđenja – rano ujutru, u polusnu – videla ju je sasvim jasno. Vizija se izoštrila i ona se za trenutak uplašila – bila je to upravo ona zdela u koju je gledala svaki dan.

Imala je vrlo uspešnu godinu u prodaji nekretnina. Dobar glas je daleko išao, pa je imala više klijenata nego što joj je odgovaralo. Padala joj je na pamet luckasta pomisao da bi za to trebalo da zahvali zdeli, samo kad bi bila živo biće. Ponekad je želela da o njoj razgovara s mužem. On je radio kao berzanski posrednik i katkad je govorio da ima sreću što njegova žena u isto vreme ima tako prefinjen smisao za lepo i umešnost da funkcioniše u stvarnom svetu. Bili su zaista vrlo slični – u tome su se slagali. Oboje su bili tihi ljudi; promišljeni, spori u donošenju zaključaka, i vrlo tvrdokorni kad bi nešto odlučili. Oboje su voleli detalje, ali dok je nju privlačilo sve što je u sebi sadržalo ironiju, on bi postajao nestrpljiv i popustljiv kad bi naišao na nešto višesmisleno i nejasno. Oboje su to znali i o tome su mogli razgovarati kad su bili sami u kolima, na povratku s nekog prijema ili vikenda provedenog s prijateljima. Međutim, o zdeli nije prozborila ni reč. Dok su za večerom jedno drugom pričali šta ima novo, ili noću u krevetu slušali radio i pospano mrmljali, često je dolazila u iskušenje da mu bez okolišanja kaže da je uverena da je za njen uspeh zaslužna ona zdela krem boje iz dnevne sobe. Ali, nije mu rekla. Nije znala odakle da počne s objašnjavanjem. Ujutru bi ga ponekad pogledala i osetila krivicu što toliko dugo čuva tajnu.

Da li je moguće da je ona bila u prisnoj vezi s tom zdelom, da je između njih dve postojao neki odnos? Ispravila se: kako nešto takvo može postojati između ljudskog bića i jedne posude? Smešno. Seti se samo kako dvoje ljudi žive zajedno i vole se... Ali da li između njih baš uvek mora postojati nekakav odnos, je li to uvek tako jasno samo po sebi? Takve misli unosile su pometnju u njenu dušu, ali je nisu napuštale. U njoj je sad postojalo nešto, nešto stvarno, o čemu nikad nije govorila.

Zdela je predstavljala zagonetku čak i za nju. To ju je mučilo, jer je u vezi sa zdelom imala neprestani osećaj neuzvraćenog dobročinstva: bilo bi joj lakše da je morala da učini nešto zauzvrat. Samo, tako šta dešava se samo u bajkama. Ovo je najobičnija posuda. Ona ni trenutka nije verovala u to. Verovala je da je to jedan predmet njene ljubavi.

Ranije je ponekad pričala mužu o novim posedima koje je kupovala ili prodavala; poverila bi mu poneku mudru taktiku koju je iznalazila da ubedi vlasnike da prodaju imanje. Sada to više nije činila jer je svaka njena taktika uključivala zdelu. Koristila ju je sa više promišljenosti, i bila je sve posesivnija u odnosu na nju. Postavljala ju je samo kad bi kuća bila prazna, i sklanjala kad je odlazila. Umesto da neku činiju ili ćup samo pomeri u stranu, sve je sklanjala sa stola. Morala je da natera sebe da pažljivo rukuje njima jer nimalo nije marila za te predmete; želela je jedino da ih skloni s vidika.

Pitala se kako će se sve ovo završiti. Baš kao i u ljubavnoj avanturi, nije se znalo kako će se događaji odvijati. Sila koja je delovala bila je teskoba. Bilo je nevažno da li će ljubavnik pohrliti u zagrljaj drugoj ili otići u drugi grad ostavivši za sobom oproštajno pisamce. Užasna je bila sama mogućnost nestanka. Jedino je to bilo bitno.

Noću je ustajala i posmatrala zdelu. Nikad nije ni pomislila da bi je mogla razbiti. Prala ju je i brisala bez ikakve brige, i često ju je premeštala, sa stočića na policu od mahagonije ili na neko drugo mesto, ne plašeći se nezgode. Bilo je sasvim jasno: ona zdeli neće naneti zlo. Ona ju je samo premeštala i rukovala njome; nije postojala mogućnsot da će je neko drugi razbiti. Nije bila dobar provodnik struje – neće je udariti grom. Međutim, pomisao na oštećenje uporno se javljala. Nije zalazila u to kakav bi njen život bio bez zdele, samo se i dalje plašila da se ne desi neka nezgoda. A kako i ne bi u ovakvom svetu, gde ljudi premeštaju saksije kako bi potencijalne kupce doveli u zabludu da i u najintimnijim uglovima ima dovoljno sunčevog svetla? Kako i ne bi, u svetu prepunom prevara.

Tu zdelu prvi put je videla pre nekoliko godina, na sajmu zanatstva, gde je krišom bila sa svojim ljubavnikom. On ju je naterao da je kupi, iako mu je rekla da joj ništa ne treba. Međutim, ta zdela ju je privukla, pa su oklevajući zastali kraj nje. Onda je otišla do drugog štanda, a on je stao iza nje, i kuckao je po ramenu dok je dodirivala drvene rezbarije. „I dalje insistiraš da kupim tu zdelu?" upitala je. „Ne", rekao je. „Ja sam ti je kupio." I ranije joj je kupovao poklone; u početku su to bile stvari koje su joj se više sviđale: dečji prsten od abonosa i tirkiza koji je mogla da stavi na mali prst; duga uzana drvena kutijica sa prelepim žlebovima u kojoj je držala spajalice; meki sivi džemper s velikim džepom na stomaku. Njemu je palo na pamet da, kad on nije kraj nje da je drži za ruku, ona može samu sebe držati za ruku tako što sklopi dlanove u tom džepu. Vremenom se, međutim, više vezala za zdelu nego za druge poklone. Pokušala je da odagna taj osećaj. Imala je toliko drugih stvari koje su bile lepše i skupocenije. Nije to bio predmet čija vas je lepota obarala s nogu; mora da je mnogo ljudi onoga dana prošlo kraj zdele pre nego što su je njih dvoje zapazili.

Njen ljubavnik rekao je da njoj uvek treba mnogo vremena da shvati šta uistinu voli. Zašto da i dalje živi ovako kao dosad? Čemu dvoličnost, pitao je. On je bio učinio prvi korak. Onda kad nije htela da se odluči za njega, kad nije htela da dođe njemu i promeni svoj život, on ju je zapitao kako zamišlja da može da živi dvostrukim životom. Učinio je poslednji korak i napustio je. Ta je odluka trebalo da slomi njenu volju, da razveje njene nepopustljive stavove kako obaveze koje su joj nametnute odranije imaju prednost.

Vreme je prolazilo. Sama u dnevnoj sobi usred noći, često je posmatrala zdelu na stolu, mirnu i bezbednu, obavijenu tamom. Bila je savršena na svoj način: raspolućen svet, dubok, gladak i prazan. Pokraj njenog ruba oko je čak i u polumraku moglo nazreti blesak plavetnila, jednu tačku koja se gubi na horizontu.

STARA DOBRA VREMENA

Bilo je to pred Božić. Kemi i Piter došli su u posetu njenim roditeljima u Kembridž. Drugog dana njihovog boravka, kasno popodne, Kemi se popela za Piterom kad je krenuo da se istušira. Želela je da se odmori od pokušaja da razgovara sa ocem i majkom.

„Zbog čega se osećam krivim kad god ne odemo na Božić kod mojih roditelja?" rekao je.

„Telefoniraj im", rekla je.

„Od toga mi samo bude još gore", rekao je.

Posmatrao je svoj lik u ogledalu i trljao bradu, iako se obrijao pre samo nekoliko časova. Znala je da on popodne uvek opipava lice da vidi je li mu brada probila, ali da se nikad ne brije ponovo ako vidi da jeste.

„Oni sigurno ne primećuju naše odsustvo. Kako bi mogli, pored moje sestre, njene bebi-siterke, troje dece, mačke, psa i zeca."

„Kunića", reče Kemi. Dok se on presvlačio, ona je sedela na ivici kreveta. Svake godine ista priča: ponude se da dođu kod njegovih u Kentaki, a njegova majka okolišeći kaže da nema mesta za sve. Prošle godine Piter je rekao da će doneti vreće za spavanje. Njegova majka mislila je da nema smisla da njeni bližnji spavaju na podu, i da treba da ih posete u neko pogodnije vreme. Pre neki dan, još pre nego što su Kemi i Piter iz Njujorka krenuli za Boston, poštom su stigli božićni pokloni od njegovih roditelja. Oboje su dobili po jednu čarapu obrubljenu veštačkim krznom. U Keminoj se nalazila šminka, a Piterova je bila prepuna nekih zavrzlama: bila je tu zujalica, sapun od koga pri pranju ruke pocrne,

51

privezak za ključeve na kojem je visila osušena žuta riba. U udubljenju za nožni palac stajala je savijena novčanica od sto dolara, a Kemi je u svojoj čarapi našla još i makazice za nokte.

Dok se Piter tуširao, ona je hodala po svojoj staroj sobi; kad su stigli, toliko ih je ophrvao umor od duge vožnje da je otišla na počinak i ne gledajući oko sebe, kao da je u sobi nekog motela. Sada je primetila da je majka izbacila mnoštvo starudije, ali da je štošta i dodala – njen maturski album, posudu iz Limoža s njenom izviđačkom značkom – pa je soba izgledala kao kakav hram. Pre mnogo godina, Kemi je izlepila ogledalo slikama svojih mladića i simpatija, oblikujući od njih jedno veliko srce. Sada su na ogledalu ostale samo dve slike Majkla Grizetija, dečka s kojim se zabavljala tokom poslednje godine gimnazije. Kad ih je premestila i brižljivo zataklaa u ram ogledala, u gornji levi i desni ugao, majka je sigurno otkrila tajnu. Kemi izvadi veću fotografiju i okrete je. Na njenoj poleđini još uvek je bio zalepljen tajni snimak: Grizli isturenih kukova, palčeva uperenih ka preponama, s porukom ispisanom preko njegovih prsa – „nil desperandum...“ Sada je sve to izgledalo toliko bezazleno. On je bio prvi mladić sa kojim je Kemi spavala, i najbolje se sećala onoga što se dešavalo nakon seksa. Bili su otišli u Njujork s krivotvorenim legitimacijama i pedeset dolara koje je Grizli pozajmio od brata. Još uvek se sećala kako ju je vuneni tepih golicao po petama kad je ujutru prišla prozoru, razgrnula teške zavese i pogledala susednu zgradu koja je bila tako blizu da joj se činilo da je može dodirnuti. Bila je tako blizu i bila je toliko visoka da nije mogla da vidi nebo – nije bilo načina da sazna kakvo je vreme. Primetila je neko zamagljenje iznad gornje usne Majkla Grizetija. Bila je to prašina, a ne brkovi.

Piter je izašao iz kupatila. Svake se godine šišao sve kraće, i kad bi mu dotakla kosu, njegove guste kovrdže odskočile bi. Glava mu je pomalo ličila na rebrastu dinju – apsurdno, a opet zgodno; ona i njene prijateljice uvek su u pismima iznosile zabavna zapažanja o svojim muževima. Neke laskavije epitete čuvala je za posle ljubavi. Profesor koji joj je u gimnaziji predavao engleski složio bi se s tim.

On je voleo da na času smišlja pesmice:

Čak i kada imaš tremu,
ne skači s teme na temu.

Piterov mokar peškir prolete kraj nje i pade na krevet. Po običaju, kao da ga baca u ring posle meča. Prošle nedelje bio je na Barbadosu na odmoru sa svojom firmom i još uvek je bio preplanuo. Na mestu gde su bile kupaće gaćice videla se široka traka bele kože. Na nejasnom popodnevnom svetlu delovao je kao komad lanenog platna. Obukao je donji deo trenerke, zavezao učkur i zapalio cigaretu luksuznim upaljačem koji mu je kupila za Božić. Poklon mu je uručila još pre praznika. Bio je od metala, s komadom sirove kože pričvršćenim na dnu. Kad se traka povuče, spoljni poklopac od metala navuče se preko vrha da zaštiti plamen. Piteru se mnogo dopao, ali ona je bila pomalo tužna pošto mu ga je poklonila; bilo je neke dramatike u tome kad se šćućuri u predvorju, telom praveći zavetrinu dok on kreše šibicu da zapali cigaretu. Prišla mu je i zagrlila ga ispod pazuha. Bio je još mokar. Bila je uverena da se muškarci posle tuširanja nikad ne obrišu kako treba. Poljubio ju je u čelo, a onda je zastao i prislonio joj bradu među oči. Nije mu uzvratila; sinoć mu je rekla da nikako ne shvata kako iko može da vodi ljubav u kući njenih roditelja. Odmahnuo je glavom gotovo veselo, uvukao toplu košulju u trenerku i onda obukao džemper. „Šta smeta ako pada sneg", rekao je. Krenuo je na trčanje.

Sišli su u prizemlje. Njen otac, penzionisani kardiolog, ležao je na kosom naslonu u dnevnoj sobi, sa „Vol Strit Džurnalom" u rukama podignutim ka nebesima. „Kako možeš da trčiš kad pušiš kutiju cigareta dnevno? upita on.

„Pravo da vam kažem“, reče Piter, „ja ne trčim zbog zdravlja. Trčim zato što mi to razbistrava misli. Zato što mi to diže moral.“

„Zar ti misliš da se mentalno zdravlje može odvajati od telesnog?“

„Ama, Stene“, reče Kemina majka dok je ulazila u dnevnu sobu, „niko neće da se raspravlja s tobom o medicini.“

„Ja ne govorim o medicini“, reče on.

„Ljudi pričaju tek da nešto kažu“, reče njena majka.

„U to nikada nisam sumnjao“, reče njen otac.

Za Kemi su ove posete bile sve teže podnošljive. Dok je bila dete, neprestano su joj govorili šta treba da čini i kako da razmišlja, ali kad se udala, njeni su se roditelji potpuno povukli, pa je prve godine braka došla u čudnu situaciju da mora da savetuje oca i majku. A onda su u isto vreme uspeli da preokrenu stvari, i sada je sve po starom. Sporečkali bi se i držali pridike umesto da razgovaraju.

Odlučila je da pođe s Piterom i skinula je jaknu s vešalice u plakaru. Još uvek nije umela da je zakopča, pa joj je Piter pomagao tako što bi jako povukao oba kraja naniže. Od toga se osećala još bespomoćnije. Primetio je izraz njenog lica i pomilovao je po kosi. „Šta očekuješ od njih?“ upitao je dok joj je zatvarao rajsferšlus. Postavlja mi takva pitanja zato što zna da se neću truditi da na njih odgovorim, pomislila je.

Sneg je padao. Koračali su kroz pejzaž sa novogodišnje čestitke za koji je godinama verovala da više ne postoji; ne bi se iznenadila da se iza ugla pojave koledari. Kad je Piter skrenuo, shvatila je da idu prema parku na aveniji Mas. Prošli su kraj ogromne kuće sa ukoso postavljenom drvenarijom. U prozorima su gorele prave sveće. „Sjajno mesto“, reče Piter. „Pogledaj samo venac.“ Na vratima je visio ispupčeni, veliki venac. Kao da je neko iščupao ogroman šimšir i isekao rupu u sredini. Piter je napravio grudvu i bacio je, za dlaku promašivši špijunku na vratima.

„Jesi li ti normalan?“ Ona ga zgrabi za ruku. „Šta ako izađu napolje?“

„Slušaj“, reče on. „U Njujorku bi im taj venac ukrali. Ovako, svako može da se zabavlja tako što će ga gađati grudvama.“

Na uglu ulice, jedan čovek zurio je u smeđeg psića odevenog u karirani kaput. Plavi čovek kraj njega rekao je: „Šta sam ti rekao. Iako je slepa, još uvek voli seng.“ Drugi čovek pomilovao je drhturavog psa i nastavili su šetnju.

Božić u Kembridžu. Uskoro će veče, vreme da se otvore pokloni. Kao i uvek, ona i Piter dobiće nešto praktično (deonice) i nešto bezvredno (čaše koje se lome u mašini za posuđe). A naći će se i poneki poklon lične prirode za njih dvoje: verovatno komad zlatnog nakita za Kemi i svilena kravata za Pitera. Ponekad, kad bi se obukla u stilu biznismena iz četrdesetih, Kemi bi stavila neku od tih kravata. Piteru se nisu dopadale zato što je mislio da su ženskaste. Prošle godine roditelji su joj za Božić poklonili prsten s lapisom i uveče, dok su ležali u krevetu, on ga je skinuo s njenog prsta da ga pogleda. Stavio je prsten na mali prst i počeo da mrda njime, napućenih usta, oponašajući homoseksualca. Pokušavao je da joj pokaže kako bi smešno izgledao s burmom. Tada su već bili tri godine u braku, ali ona je još uvek bila toliko sentimentalna da ga s vremena na vreme priupita nije li se možda predomislio u vezi s nošenjem venčanog prstena. Nije to činila zato što je prsten smatrala nekom vrstom jemstva. Dve godine živeli su skupa pre nego što su iznenada odlučili da se venčaju, ali su se pre venčanja složili da je naivno očekivati vernost do groba. Ako se jedno od njih dvoje zaljubi u nekog drugog, razrešiće to na najbolji način, neće se šepuriti s tom drugom osobom, i neće o tome govoriti.

Nekoliko meseci pre poslednje posete njenim roditeljima za prošli Božić, Piter ju je jedne noći probudio da joj ispriča o kratkoj avanturi koju je imao s jednom

55

ženom. Opisivao je svoja osećanja prema njoj – kako je voleo kad, dok sede u restoranu, ona svoju ruku stavi preko njegove, kako je prestajao da se ljuti kad bi ona iznenada usnama takla duboke bore na njegovom čelu ne bi li ga poljupcima naterala da prestane da se mršti. Tada je Piter plakao na njenom jastuku. Još uvek se sećala njegovog izraza lica – jedino ga je tada videla da plače. Sećala se kako mu je lice bilo crveno i naduveno, kao izgorelo. „Jesam li dovoljno uzdržan?" pitao je. „Želiš li da zarijem glavu u jastuk da me ne bi čuli susedi?" Nije marila šta će susedi misliti jer ih nije ni poznavala. Nije ga tešila, niti se doticala jastuka. Nije napravila scenu, nije otišla da spava na kauču. Kad je ujutru otišao na posao popila je nekoliko šolja kafe i izašla iz kuće da se malo oraspoloži. Kupila je cveće u skupoj cvećari na aveniji Grinič. Pokazivala je prodavcu cvetove koje je želela, pažljivo ih je birala jedan po jedan. Onda se vratila kući, potkresala stabljike i rasporedila cveće u male vaze, stavivši u svaku po nekoliko cvetova; bile su to sve same cvasti, bez imalo zelenila. Uveče, kad je Piter trebalo da dođe kući, shvatila je da će on po cveću znati da je bila tužna, i sve je cvetove stavila u vazu u trpezariji. Dok ga je promatrala, odjednom je shvatila koliko je ironije u tome što se prošlog leta sve više zaljubljivala u Pitera, dok je on u isto vreme flertovao s drugom i s njom se upustio u avanturu. Kemi se osećala sve ugodnije zato što su se tako lepo uskladili, a ispostavilo se da je sve bilo obmana. Sećanje na snažan osećaj bliskosti ispunilo ju je nelagodom: jednog jesenjeg popodneva u ulici Bliner, Piter je zastao da zapali cigaretu, a nju je nešto nagnalo da ga zagolica po rebrima. Retko se ponašala detinjasto, i primetila je da je zapanjen, a to ju je samo navelo da se nasmeje i opet ga zagolica. Svaki put kad je pomislio da će prekinuti s tim i pokušao da zapali šibicu, uspevala je da ga iznenadi i ponovo poškaklji; savladavala je i zaklon od njegovih laktova koje je prislonio uz stomak. „Šta ti je?" pitao je. „Je li te to Američko društvo za zaštitu od

56

raka poslalo da me mučiš?" Ljudi su gledali u njih – ko kaže da u Njujorku niko ništa ne primećuje? – a Piter je uzmicao i savijao se, držeći neupaljenu cigaretu u ustima, priznavši da ne može da joj dolija. Kad je pošla da ga zagrli i time okonča igru, nije verovao da je tome kraj; okrenuo se postrance i ispružio ruku da se odbrani, neprestano pokušavajući da desnom rukom upali šibicu. Sušta suprotnost onoj noći kad je vodila ljubav s Majklom Grizetijem. Sećala se svega što se u tom trenutku događalo – nasmejane debele prolaznice koja je razgovarala sama sa sobom, zujanja neonske reklame ispred restorana, Piterovog čeličnog kaiša od sata koji je bleštao na uličnom svetlu, zvuka automobilske sirene u dljini. „Umakao!" viknuo je uzmičući. Kad se našao na bezbednoj udaljenosti, prekrstio je prste iznad glave kao dete.

Piter je pljesnu po stražnjici. „Idem malo da trčim", reče. Zaputio se u park, šutirajući patikama grudvice snega. Posmatrala ga je dok se udaljavao. Bio je visok i plećat, a kožna jakna dopirala mu je samo do struka, tako da je izgledao kao adolescent u okraćaloj odeći. Ona je obukla kaubojske čizme umesto da uzme patike. Zašto je njemu zamerala to što je u poslednjem trenutku odlučila da pođe s njim i uzela neprikladnu obuću? Zar je očekivala da će on ostaviti svoju jaknu?

Jakna joj sigurno ne bi ni pala na pamet da nije izgubio šal dok je trčao, ne primetivši to. Ušla je u park da ga uzme. Sada je sipio sitan sneg; on će se zadržati. Odjednom se ukočila od zime, možda zato što je bila svesna da će još više zahladneti. Svoju želju za suncem osećala je kao vrelo mesto pod rebrima – činilo joj se da u njoj doista nešto gori. Kao i svi ljudi koje je znala, odrasla je uz crtane filmove subotom ujutru: u njima su dobri ljudi uvek na kraju dobijali ono što žele, a svako zlo je bilo privremeno. Sad je želela da se pojavi uragan, nalik na one što su hujali kroz crtane filmove, munjevito prenoseći stvari i ljude s jednog mesta na drugo. Poželela je da ponovo poveruje u čarobnu moć vetra.

Vratili su se u kuću. Sa radija je dopirala glasna muzika, a otac se dovikivao s majkom: „Prvo puste tu vražju naricaljku o malom dobošaru, a onda sestre Endrjus. Kakve to veze ima sa Božićem? Zar to nije pesma iz Drugog svetskog rata? Zašto puštaju takve pesme na Božić? Sigurno se neki disk-džokej malo nacvrcao. Svi su oni non-stop nacvrcani. Momak koji mi je jutros sipao benzin bio je nacvrcan. Klinac koji donosi poštu hoda kao po jajima, a oči mu došle k'o čiode. Gde im je 'Božić u belom'? Misle li oni da je Bing Krozbi celog života igrao golf?“

Piter je stajao iza Kemi dok je njegov šal vešala o klin na kuhinjskim vratima. Pomogao joj je da skine jaknu i obesio je preko šala.

„Dođite da vidite“, reče Kemina majka s ponosom.

Ušli su u kuhinju kod njene majke i pogledali. Dok su bili napolju, ona je dovršila badnjak: bila je to debela klada cilindričnog oblika, savršeno izvajana, sa čokoladnom glazurom zaglađenom preko kore drveta. Mali zeleno-beli venac koji je krasio jedan njen kraj istisnut je iz tube za fil, a tegla džema od malina koji je majka morala koristiti za pregibe stajala je otvorena.

„Vredelo je truda“, reče majka. „Vas dvoje izgledate kao deca kad otvore božićne poklone.“

Kemi se osmehnu. Majčine reči nagnaše je da dodirne badnjak; nasmejala se i provrtela prstom kroz rub klade, šireći rupu i kvareći savršen izgled kore. Kad ju je jednom dotakla, nije se više mogla zaustaviti, iako je znala da će divlji uraganski vrtlog koji je mogla stvoriti ostati samo slika u njenom umu. Uteha je, naravno, ono što će se dogoditi kad izvadi prst. Dok su Piter i majka zurili u nju, polako je podigla ruku i, još uvek se osmehujući, počela da sisa čokoladu sa prsta.

VELIKI SVET TAMO NAPOLJU

„Nema teorije", rekla je Reni. „Izbij to sebi iz glave. Ja idem, ti ostaješ. Tako ima da bude."

Pas pogleda u pod. Kad je Reni zaćutala, podigao je pogled i ponovo počeo da maše repom. Udarao je njime po šipkama ograde.

„Ama, povedi ga", reče Tad. „Pusti ga da se malo razonodi."

„Kad ja nešto kažem, ti bi trebalo da me podržiš", reče Reni. „Ako ne budemo bili složni, bićemo loši roditelji."

„Mi smo dobri roditelji. Selimo svog psa iz grada u veliko dvorište na selu."

„Idemo u predgrađe, ne na selo."

„Ti njega mučiš", reče Tad. „Ili idi, ili ostani."

Podigla je dve kese pune iznošene odeće i pažljivo sišla niz stepenice, provirujući između njih. I juče je išla kod „Gudvila".* Odnela je tri kutije knjiga u Strend. Vratila je komšiji supenu kašiku koju su pozajmili pre mnogo meseci. Protekle nedelje prikupila je dovoljno kutija za prenos biljaka. Selili su se u Konektikat, kod njene sestre, da joj paze kuću tokom njenog jednogodišnjeg boravka u Londonu. Tad nije znao da njena sestra namerava da se pomiri sa svojim mužem koji živi u Engleskoj i da se neće vraćati ako u tome uspe. Pas nije znao da će živeti zajedno s mačkom.

Premestila je obe kese u jednu ruku, a drugom posegla u džep da proveri da li je ponela ključeve. Jeste.

---

* Dobrotvorna organizacija. – *Prim. prev.*

U džepu je bio i lanac za psa. I papirna maramica. Iako je ona insistirala da se presele, od razmišljanja o tako korenitoj promeni načina života obuzimala ju je nervoza. U samoći je plakala. Maramice su joj bile pod jastukom. Kupila je veliko pakovanje maramica i nosila ga u tašni.

Neki čovek u crnoj trenerici sa brojem jedan na leđima protrča kraj nje. Iza ugla pojaviše se tri dečaka koji su iz plastičnih pakovanja u obliku cevi pili na slamku sjajnu zelenu limunadu i smejali se. Prošla je kraj perionice i udahnula miris pare. Vlasnici su počinjali da rade pre nego što se ona budila i često ostajali u radnji i pošto bi otišla na počinak. Videla je koliko se Njujorčani iscrpljuju, i od toga je i sama postajala iscrpljena. Činilo se da je čitav grad ništa drugo do konzervirana energija. A možda je ona pesimista – možda samo pokušava da nađe opravdanje za odlazak. Zbog istog tog pesimizma, dala je otkaz mnogo ranije nego što je bilo potrebno. Uprkos doktoru, i ona i Tad sumnjali su da je pobačaj nastupio upravo zbog dugog radnog vremena i napetosti na poslu. Doktor joj je savetovao da malo priček pre nego što ponovo pokuša da zatrudni. To ju je rastužilo i razočaralo. Osećala bi se i gore da nije nalazila utehu u svom psu. Noću bi se sklupčao podno njenih nogu i ona bi stopalom milovala njegovo meko krzno i tiho mu govorila. Dok ga je sinoć mazila, predložila mu je da nađe sebi brata na selu, na šta se Tad okrenuo na bok i rekao, ne shvatajući da se ona šali, kako je jedan pas dovoljna briga. Govorio je, naročito u poslednje vreme, da mu neće smetati ako ne budu imali dece. Nije mu verovala. Imala je trideset pet godina, a kad su se venčali, rekao je da želi troje dece.

Hodala je ulicom, pokušavajući da odagna nategnute rasprave i napetost. U pokrajnjoj uličici hrana za ptice bila je posuta ranije no obično. Golubovi su panično uzletali kad bi im se približila, ali su sletali i nastavljali da kljuckaju još pre nego što bi prošla. Jednog dana videla je kako dečaci hranu za ptice prskaju biljnim otrovom. Nasmejali su se i pobegli. Dečaci iz susedstva stalno su se smejali i tukli, a kad su pušili, preklapali su usta celom šakom, kao gangsteri iz starih filmova.

Dok je na Osmoj aveniji čekala da pređe ulicu, jedan čovek u crvenim patikama i kaputu sa izbočinama ispod miški zatražio je od nje nešto novca. „Nemam para", rekla je. „Ako nemaš para, što onda izgledaš bolje od mene?" dobacio joj je.

U ovom gradu nije joj se dopalo to što nikad nije bila sigurna ko je u oskudici, a ko ne. I dok je razmišljala o tome, prolaznici su joj govorili da se osmehne.

Preko ulaza u „Gudvil" metalna vrata bila su dopola navučena. Vrata su obično bila zatvorena, a okno malo spušteno, ali kad je prišla malo bliže, shvatila je da to ovog puta znači da je radnja zatvorena. Nije razumela zašto: bilo je rano za zatvaranje, a radili su šest dana u nedelji.

„Ako hoćete da im te stvari poklonite, samo ih tu ostavite", rekao je jedan čovek sablasnog osmeha. Pomolio se kroz prozor susedne radnje. „Oni ih uzmu. Samo ih pokupe." Neupaljenom cigaretom pokazivao je prema vratima. Druga mu je ruka bila stisnuta u pesnicu. Otvorio je šaku i na njegovom palcu ukazala se kutija šibica. Otvorio je kutiju, kresnuo jednu i prineo cigaretu plamenu. „Pa dabome", rekao je. „Ostavite to pred vratima."

Nije htela da stvari vraća kući, pa je osmislila scenario koji je čoveku davao za pravo: prodavac će ugledati kese, otvoriti vrata i uneti ih. Koraknula je napred i spustila kese na pločnik, gurnuvši ih prema vratima. Neko joj priđe, i ona se okrenu, sigurna da čovek hoće još nešto da joj kaže. Ustuknula je, preplašena pojavom mršavog crnog transvestita koji je posegnuo za kesama kao da ona nije tu.

„Gle ti ovo", rekao je dok je izvlačio plavu kućnu haljinu. Iskrsnuo je niotkuda, kao da je pao s neba, toliko je njegovo pojavljivanje bilo nenadano. Niski čovek koji je stajao po strani zaronio je u kesu, stresao odeću na pločnik i ponovo je zgrabio, isto onako brzo kao što ju je stresao. Iz druge kese je izvadio vezenu prostirku boje lavande i ogrnuo se njome kao plaštom. Prostirka je skliznula na beton. Transvestit je podigao čipkanu bluzu (dobila ju je na poklon od muževljeve rodbine i izgledala je suviše luckasto da bi je mogla nositi) i bradom je pritisnuo uz grudi. „Divno izgledam“, rekao je. „Obući ću ovo za večeru. Oh, divno izgledam.“

Ona skrenu pogled. Odeća je bila lepa, i kad je počeo da je istresa i umotava se u nju, zabljesnuo ju je sjaj boja; setila se kad je šta oblačila, setila se noći i dana o kojima je sada njena odeća svedočila. Beše neočekivani trenutak ludila i poniženja, kao kad neki neuljudan gost počne da pretura po veš korpi da bi video kakvo rublje nosiš. Naravno, nije ništa mogla da učini. Da se porve s njima? Da se svađa? Da zatraži pomoć od čoveka s cigaretom, koji je sada ćutao, ne skidajući pogled s njih, iako mu je lice i dalje bilo bezizražajno?

Na Devetoj aveniji, suzdržavajući se da ne zaplače, razložno je sebi objasnila da je ta odeća barem nekoga obradovala. U radnji bi je kupio neko isto onako šašav ili lud. Prodavnica na uglu bila je preplavljena mirisom banana, koji je lebdeo u vazduhu i mešao se s mirisom viršli koje su se pekle iza tezge. Uzela je tetrapak soka, platila, pokupila kusur i izašla. Bacila je kesu, a tetrapak je ponela u ruci. Bio je hladan, mekan i prianjao joj je za dlanove. Ruke su je bolele od nošenja.

Dok se penjala uza stepenice, pas je skakutao na vrhu odmorišta.

„Reci mu da veliki svet tamo napolju i nije bogzna šta“, reče Tad. „Razveseli ga.“

Došla je do vrata spavaće sobe, ne obazirući se na psa koji je kružio oko nje. Tad je skoro završio pakovanje knjiga sa poslednje police. Bio je vredan i svakom poslu posvećivao je punu pažnju. Priželjkivala je da ne bude tako sposoban i praktičan. Da kaže šta oseća umesto što se šali.

„Da si ga povela sa sobom", reče Tad, „video bi kako činiš nešto milosrdno. To bi ga podstaklo da čini dobra dela. On misli samo na sebe."

„Prestani da se izmotavaš", rekla je. „Budi malo ozbiljan."

„Ako prestanem da se smejem, zaplakaću", reče on. „Do petka treba isprazniti još tri sobe."

Okrenula se i otišla u kuhinju, balansirajući između kutija. Usula je sebi sok i pitala ga želi li i on.

„Da", reče. „Nagutao sam se prašine."

Usula mu je sok i ponovo se otisnula među kutije. U spavaćoj sobi, Tad je ležao na podu, glave naslonjene na kutiju koju je upravo zalepio. Pružio je ruku da prihvati čašu. „'Gudvil' za sve", rekao je. Rukom je protrljao lice. „Nekada je onih velikih 'Gudvilovih' kutija bilo na sve strane", rekao je. „Sećaš li se? Na parkiralištima ispred supermarketa, ispred škola – svugde. Kad sam išao u gimnaziju, imao sam devojku koja nije htela da vodimo ljubav u mojim kolima. Bili smo na autobuskoj stanici, i tamo je stajala jedna od tih kutija, puna do vrha. Izašao sam iz kola i iz nje povadio sve stvari. Svu tu zbrku od cipela i polomljenih lutaka nagomilao sam iza kutije, a povrh njih stavio mekane stvari. Kao da ležiš na konfetama. Tu smo vodili ljubav dok su kola promicala na drumu, a u pozadini se čula muzika sa radija u automobilu."

Zalepio je zapakovanu kutiju koju je trebalo zatvoriti. Palcem je pritisnuo lepljivu traku i odsekao je slobodnom rukom.

„I to je bilo sve?" upitala je.

„Tada, da", rekao je.

„A sledećeg puta?"

Osmehnuo se. „Nisi valjda ljubomorna na nešto što sam radio kad sam bio tinejdžer?"

Dabome da je bila – ona je znala da ljude i događaje nikada ne zaboravimo u potpunosti; podsećanje na njih uvek se dogodi iznenada, i misli se poremete.

U džepu je napipala kaiš, i rešila da psa izvede u šetnju. Da je tinejdžerka, možda bi se vratila u onaj ludi cirkus pred „Gudvilom" – možda bi se vratila sa psom da ih prepadne. Ali sad je već toliko vremena prošlo. Nešto joj je govorilo da su nakon njenog odlaska uzeli šta su hteli i otišli.

TAMO GDE ME BUDEŠ NAŠAO

Prijatelji moju polomljenu ruku uporno nazivaju „slomljenim krilom". Leva ruka koja, savijena na grudima, miruje zahvaljujući povoju od plavog šala zavezanog oko vrata, i suvuše je teška da bi ličila na krilo. Ta nezgoda dogodila mi se dok sam trčala za autobusom. Pokušala sam da ga zadržim da ne krene tako što sam počela da mašem rukama u vazduhu, i tada sam se okliznula i pala.

Tako sam ja iz Njujorka u Saratogu došla vozom umesto kolima. Imala sam savršen izgovor da uopšte ne odem u posetu svom bratu, ali kad sam se već rešila na to, odlučila sam da odem i izbegnem svaki osećaj krivice. Meni ne smeta Hauard, nego deca njegove žene – devojčica od jedanaest i dečko od tri godine. Beki ili uopšte ne obraća pažnju na svog brata, ili ga muči. Prošle zime zadirkivala ga je tako što bi se na petama šunjala za njim i tabanala iza njegovih leđa, od čega bi se on dao u trk i počinjao da vrišti. Kejt nije razgovarala sve dok deca ne bi udarila u histeriju i nadvikivala nas toliko da se nismo mogli ni dozvati. „Drago mi je što su živahni", govorila je. „Ukoliko na ovaj način ispolje svoju agresivnost, neće se naviknuti da, kad odrastu, ono što žele od drugih dobiju putem psiholoških pritisaka." Meni se čini da oni nikad neće odrasti, nego da će sagoreti poput meteora.

Hauard je napokon našao ono što je želeo – suštu suprotnost miru domaćeg ognjišta. Šest godina je u Oregonu živeo s nekom bledunjavom i pasivnom ženom.

Nakon tog šoka, oženio se još bleđom studentkinjom medicine po imenu Frensin. U braku nisu bili ni godinu dana, i onda je na sastanku ugovorenom „na slepo" upoznao Kejt, čiji je muž baš tada bio na službenom putu u Danskoj. Za tren oka Kejt, njena ćerka i beba uselili su se u njegov stan na Laguna Biču koji je delio s izvesnim scenaristom. Njih dvojica pisali su scenario o Medragu Eversu, ali nakon njihovog dolaska promenili su temu i započeli dramu o čoveku koji je upoznao udatu ženu, majku dvoje dece, i o tome kako su se njih troje uselili kod njega i njegovog prijatelja. Potom se Hauardov saradnik verio i odselio, pa je tekst ostao nedovršen. Hauard je prihvatio ponudu da predaje kreativno pisanje na jednom koledžu u unutrašnjosti koja mu je stigla u poslednjem trenutku, i za nedelju dana smestili su se u jednoj viktorijanskoj kući u Saratogi. Kejtin muž bio je pokrenuo brakorazvodnu parnicu još pre nego što je ona počela da živi sa Hauardom, ali je na koncu rešio da ne traži starateljstvo nad Beki i Todom, već da umesto toga plaća dečje izdržavanje, koje je iznosilo upola manje od onoga što je, po advokatskoj proceni, bio dužan da plati. Sada on deci šalje ogromne plišane životinje koje njih zanimaju ili malo ili nimalo, uz poruku koja glasi: „Za mamin zoološki vrt". Svakog meseca pošalje po jednu takvu igračku – žirafu, nemačkog ovčara u prirodnoj veličini, medveda, uvek s istom porukom.

Medved stoji u uglu kuhinje, i svi su navikli da na njega kače ceduljice koje ih podsećaju da treba kupiti mleko ili promeniti ulje u kolima. Nataklili su mu sunčane naočare, a na šape ponekad kače šalove i jakne. Ponekad donesu ovčarskog psa, naslone ga na medveda i polože mu šape ne njegove butine, kao da ga preklinje.

Sada smo u kuhinji samo medved i ja. Upravo sam odvrnula termostat – onaj ko prvi ustane, mora to da uradi. Zamačem kesicu čaja u vrč vruće vode. Bila bih u stanju da procedim čaj samo ako mi neko pomogne, mada ne znam zašto je to tako. Jedini čaj u kesici koji sam našla bio je „Emperor's Choice".

Sedam na jednu od kuhinjskih stolica da popijem čaj. Čini mi se da se stolica lepi za mene, iako na sebi imam dugačke muške gaće i flanelsku kućnu haljinu. Stolice su od plastike u stilu pedesetih, islikane oblicima koji su ponekad podsećali na geometrijske figure, a ponekad na ljudska obličja. Nešto nalik na deformisane ruke koje posežu za trouglovima i kvadratima. Pitala sam ih. Hauard i Kejt su kuhinjski nameštaj kupili na nekoj aukciji za trideset dolara. Mislili su da je smešan. Kuća i nije bila tako smešna. Imala je četiri kamina, daščane podove, i visoke prašnjave tavanice. Kupili su je njegovim delom nasledstva koje nam je deda ostavio. Kejt je renoviranju kuće doprinosila tako što je lajsne od parketa pretvarala u imitaciju mermera. Uspeh ovog posla zavisio je od toga koliko je pijana kad počne da radi. Lajsne su ponekad više ličile na zgusnute motive sa kuhinjskih stolica, nego na mermer. Kejt smatra da je ono što naziva „roditeljstvovanjem" posao koji zahteva puno radno vreme. Neposredno po doseljavanju u Saratogu, davala je časove klavira. Sada decu i ne primećuje, nego farba lajsne.

A ko sam ja da je osuđujem? Ja sam žena od trideset i osam godina koja ne radi i čiji je odnos s njenim povremenim ljubavnikom toliko labav da je emotivni kolaps moguć koliko i pad na poledici. Moj ljubavnik Frenk kaže da novac kvari dušu i možda je to tačno. U stvari, jeste ako je u pitanju poklonjen novac. On je advokat koji ima novca, ali taj novac je zarađen i uvećan putem ulaganja u nekretnine. On ima i farmu lekovitog bilja. U Frenkovoj kancelariji neprestano se pojavljuju kutije pune trava – travke u foliji, u plastičnim kesicama, sušeno bilje u fišecima od novina. Posipa ih po omletima, pečenju, povrću. On je protivnik soli. Tvrdi da je bilje zdravije.

A kako mogu da tvrdim da volim jednog čoveka, kad sam skeptična čak i u pogledu njegove upotrebe trave? Osećam se nelagodno zato što nisam zaposlena. Nemam hrabrosti da živim s jednim čovekom samo zbog pogleda koji mu se ponekad pojavi u očima dok vodimo ljubav. Ja u kuhinji krišom posolim jelo, a onda se pojavljujem sa svojim tanjirom i osmehujem se, dok bosiljak sipi po krompiru.

U krevetu, njegovi prsti ponekad mirišu na ruzmarin ili tarkanj. Mirišu jako. Mirišu gorko. Bez obzira na Šekspira i Kalpeperov herbarijum, ne mogu da poverujem da trave imaju bilo kakve veze s ljubavlju. Međutim, mnoge buduće neveste dolaze na njegovu farmu i kupuju strukove trava koje zatiču u svoje bukete. Ekstraktima trava mažu doručje kako bi mirisale tajnovito. Veruju da trave donose sreću. Ovo je vreme kad u kući ne žele da drže fikuse, nego samo drveni sanduk s ruzmarinom. „Uhvatio sam poslednji voz za novi svet", kaže Frenk. On u to i veruje.

*

Za večerašnju božićnu zabavu pripremljen je paradajz punjen sirom, pečurke punjene pireom od paradajza, paradajz punjen seckanim pečurkama i pečurke punjene sirom. Kejt se smeje u kuhinji: „Niko neće primetiti", mrmlja. „Niko neće reći ni reč."

„Što ne izvadimo orahe?" kaže Hauard.

„To je uobičajeno. Ovo je neobično", kaže Kejt, istiskujući mekani sir iz tube.

„Prošle godine imali smo imelu i začinjenu jabukovaču."

„Prošle godine ponestalo nam je smisla za humor. I šta se desilo kad smo se prenuli? Na Badnje veče izjurili smo napolje da odsečemo jelku."

„Deca", rekao je Hauard.

„Tačno", kaže ona. „Deca su plakala. Htela su da se utrkuju s drugom decom, tako nekako."

„Beki je plakala. Tod je bio suviše mali da bi plakao zbog toga", rekao je Hauard.

„Zašto pričamo o suzama?" reče Kejt. O tome ćemo pričati kad ne bude vreme slavlju. Večeras dolaze svi, i dopašće im se venci okačeni o eksere za slike, i smatraće da je ova hrana tako svečana."

„Pozvali smo novog Indijanca s katedre za filozofiju", kaže Hauard. „Indijanca, ne Indijca."

„Ako budemo hteli, možemo da gledamo 'Dragulj u kruni' na videu", reče Kejt.

„Tako sam tužan", rekao je Hauard dok se privijao uz pult i klizio naniže sve dok se nije oslonio na laktove. Patike su mu mokre. Kad pokvasi noge, nikad ne promeni obuću i nikad se ne prehladi.

„Probaj pečurke", kaže Kejt. „Mada će biti bolje kad se skuvaju."

„Šta mi fali?" pita se Hauard. Pogledao me je po prvi put otkako sam došla. Trudila sam se da ne obraćam pažnju na dosadu i teskobu koje je u meni izazivalo Kejtino brbljanje.

„Možda bi trebalo da nabavimo jelku", kažem.

„Nema to veze sa Božićem", kaže Hauard.

„Pa olakšaj sebi", reče Kejt. „Ako hoćeš, možeš ranije da otvoriš svoje poklone."

„Ne, ne, to nema veze sa Božićem." Pruža joj tanjir i ona slaže posude u mašinu za pranje suđa. „Brine me da možda ne trpiš bolove, a ništa nećeš da kažeš", veli meni.

„Samo mi je nelagodno", kažem.

„Znam, ali vraćaš li se u pamćenju na ono što se dogodilo? Na pad, ambulantu, bilo šta?"

„Sanjala sam noćas balerine u Viktorija Pulu", kažem. „Bila je to kao neka pozornica, a visoke, vitke balerine postrojavale su se, vrtele i pravile piruete. Zavidela sam im što mogu da preko glave dohvate nožne prste."

Hauard otvara mašinu i Kejt počinje da mu dodaje isprane čaše.

„Nisi mi odgovorila na pitanje, samo si ispričala pričicu."

„Ne, ne vraćam se na to", kažem.

„Znači, potiskuješ", kaže.

„Mama", kaže Beki ulazeći u kuhinju, „može li Deidri da dođe na žurku ako njen tata ne dođe po nju za ovaj vikend?"

„Mislila sam da je on u bolnici", reče Kejt.

„I bio je. Ali je izašao. Telefonirao je i rekao da će na severu biti snega, pa nije siguran da li će moći da dođe."

„Dabome da Deidri može da dođe", reče Kejt.

„I znaš šta još?" kaže Beki.

„Kad ulaziš u sobu, kaži 'dobar dan'", reče Kejt. „Barem se osmehni i pogledaj oko sebe."

„Ama, nisam ja mis Amerike na bini. Ja sam samo ušla u kuhinju."

„Moraš pokazati ljudima da si ih primetila", reče Kejt. „Zar nismo pričale o tome?"

„Oh, zdravo", kaže Beki, naslonivši se dok podiže skute zamišljene suknje. Na sebi ima crvenu trenerku. Okreće se meni i povlači tkaninu s bokova. „Zdravo, kao da se vidimo prvi put", kaže.

„Tvoja tetka ne želi da se petlja u ovo", reče Hauard. „Dosta joj je njenih problema."

„Vratimo se na temu razgovora", kaže Kejt Beki. „Šta si htela da mi kažeš?"

„Znaš šta, mama? Ti od svega praviš predstavu i onda ispadne da imam nešto važno da kažem. Svi me slušaju."

Kejt zatvara vrata mašine. „Jesi li htela da razgovaramo nasamo?"

„Neee", uzdiše Beki dok seda preko puta mene. „Samo sam htela da kažem – a sad ispada da je to jako važno – htela sam da kažem da je Deidri otkrila da je onaj tip s kojim se cele godine dopisivala u zatvoru. Sve to vreme bio je u zatvoru, a ona nije znala šta je to poštanski fah."

„I šta će sad?" pita Hauard.

„Pisaće mu da ga pita kako je u zatvoru."

„Sjajno", kaže Hauard. „Baš me raduje što to čujem. Momak se sigurno strašno dvoumio da li da joj kaže. Sigurno je mislio da će hteti da ga se otarasi."

„Mnogi fini ljudi završe u zatvoru", reče Beki.

„Smešno", kaže Kejt. „O osuđenicima ne možeš govoriti uopšteno, baš kao ni o ostalom delu čovečanstva."

„Pa šta?" reče Beki. „Ako neko iz tog ostatka čovečanstva hoće nešto da sakrije, to će i učiniti, zar ne?

„Idemo po jelku", kaže Hauard. „Kupićemo jelku."

„Jednoga čoveka udarili su kolima na drumu dok je nosio jelku", reče Beki. „Ozbiljno ti kažem."

„Ti stvarno znaš kako kuca srce ovog grada", reče Kejt. „Vi klinci bili biste sjajni telali. Sve saznam još pre nego što izađe u novinama".

„To se desilo juče", reče Beki.

„Zaboga", reče Hauard. „Mi pričamo o plakanju, o smrti." Ponovo se naslonio na pult.

„Nije tačno", Kejt kreće prema njemu i otvara vrata frižidera. Unutra stavlja tanjir s punjenim paradajzom. „Po svom starom običaju, izdvojio si dve primedbe iz mnoštva drugih i..."

„Noćas sam se probudio misleći na Denisa Bidua", obraća mi se Hauard. „Sećaš li se Denisa Bidua koji ti se rugao? Tata mi je naložio da raščistim s njim i posle je oladio. Ali, uvek sam se plašio da će me proganjati. Godinama sam se pretvarao da nisam manji od makova zrna kad se on pojavi. A onda mi je jedne večeri kad sam izašao nestalo goriva, i dok sam išao po benzin, jedna kola su se zaustavila kraj mene i Denis Bidu se promolio kroz prozor. Bio je iznenađen što me vidi, a i ja sam bio iznenađen što vidim njega. Pitao me je šta se desilo i ja sam rekao da mi je nestalo benzina. „Sranje, nema šta", rekao je, ali za volanom je bila devojka koja ga je gnjavila. Zaustavila je auto i navalila da uđem unutra da me poveze do pumpe. Tokom vožnje nijednom mi se nije obratio. Kad sam čuo da je poginuo u Vijetnamu, prisetio sam se kako je izgledao tada u kolima – potiljak tela pravog kao strela, okovratnik crn ili u

71

nekoj tamnoj boji, podignut do kose." Hauard povlači rukom sa četiri ispružena prsta i savijenim palcem kraj uha.

„Pa ti sad hoćeš sve da nas rastužiš", kaže Kejt.

„Ja jako želim da se razveselim. Razveseliću se do večeras. Idem u 'Lions klub' u glavnoj ulici da donesem jelku. Hoće li ko sa mnom?"

„Ja idem kod Deidri", reče Beki.

„Poći ću s tobom ako misliš da ti je moj savet potreban", rekoh.

„To je zabave radi", kaže Hauard poskakujući. „Zabave radi, ne zbog sveta."

Vadi moj crveni kaput iz ormana i ja ga oblačim, uvlačeći zdravu ruku u rukav. Ona skida pribadaču s revera i drugu stranu kaputa pričvršćuje mi za vrh ramena, provlačeći iglu kroz džemper. Onda mi stavlja Kejtin pončo preko galve. Ovo je čitav protokol, jer je meni stalno hladno. U stvari, Kejt se toga dosetila. Stojim tu dok Hauard oblači kožnu jaknu. Osećam se kao ptica čiji kavez s večeri pokrivaju platnom. Zato sažaljevam samu sebe i zaista počinjem da verujem da je moja ruka slomljeno krilo; odjednom sve izgleda tako tužno da osećam kako mi se oči pune suzama. Šmrkćem. A Hauard je sredio tog Denisa Bidua samo zbog mene! Moj brat. Ali, on je to učinio samo zato što mu je to otac rekao. On je činio sve što bi mu otac rekao. To pravilo je prekršio samo onda kad ga je tata u bolnici zamolio da ga uguši. To je jedini slučaj da je ignorisao očeve želje za koji ja znam.

„Kupite visoku jelku", kaže Kejt. „Nemojte samo one što liče na kaktus. Uzmite jelku s dugim iglicama koje imaju nagib."

„Nagib?" kaže Hauard, osvrnuvši se u predsoblju.

„Neka deluje nekako rasplinuto", kaže ona, savijajući se u kolenima i zamahujući rukom. „Znaš već – neka bude lepa."

Pre nego što su gosti došli, susetka je dovela Toda iz obdaništa i on se sada sprema za spavanje; jelka je ukrašena sa nekoliko desetina božićnih ukrasa i zvezdi isečenih od hartije za kucanje i pričvršćenih heftalicom. Ispod jelke poređane su manje životinje iz plišane menažerije (medved, je, naravno, izuzet), koje predstavljaju životinje za jaslama. Jasle predstavlja tiganj u kome stoji zeleni dinosaurus.

„Koga poznajem od ljudi koji će doći?" pitam.

„Poznaješ... " Hauard gricka usnu. Otpija još gutljaj vina; deluje zbunjeno. „Pa znaš Keniga", kaže. „Oženio se. Dopašće ti se njegova žena. Neće doći skupa, jer on dolazi pravo s posla. Poznaješ Majnerove. Znaš – svideće ti se Lajtfut, novi momak s filozofije. Ne moraš baš odmah da mu kažeš da si zauzeta. Fin je dečko i treba mu pružiti šansu."

„Mislim da nisam zauzeta", kažem.

„Popij nešto – bolje ćeš se osećati", kaže Hauard. „Časna reč. Danas popodne baš sam bio potišten. Kad se svetla utule tako rano, nikad nisam načisto na šta reagujem. Postanem siv kao popodne, znaš."

„Dobro, popiću nešto", kažem

„Doći će jedan debeljko sa istorije umetnosti", kaže Hauard dok uzima čašu s police i sipa vino. „Ovde smo juče prali", kaže i pruža mi čašu. „Debeli se zove Dvajt Kjul. S njim su nas upoznali Džensonovi. I oni dolaze. On je neženja. Živeo je u Njujorku. Misteriozan tip. O njemu niko ništa ne zna. U kući ima terminal koji je povezan s nekom misterioznom službom u Njujorku. Priča dobre štosove. Dobija ih preko kompjutera."

„Ko su ti Džensonovi?"

„Nju si upoznala. Pošto je raskinula sa svojim ljubavnikom, on joj je provalio u kuću i po svim zidovima nacrtao karikature nje i njenog muža. Čuo sam da je sjajan umetnik. Znaš to, zar ne?"

„Ne", osmehujem se. „Kako ona izgleda?"

„Upoznala si je na trkama. Visoka. Crvenokosa."

„Znači, to je ona. Pa što ne kažeš?"

„Zar ti nisam pričao o ljubavniku?"

„Nisam znala da ima ljbavnika."

„Sva sreća da je sve rekla mužu, i da su rešili da za-
glade stvar. Kad su došli kući i videli zidove – mislim,
stekao sam utisak da je to izgledalo prilično živopisno.
Ne baš kao kad u pećini naiđeš na hijeroglife. Njen muž
je to ispričao kao svoju zgodu: otišao je u prodavnicu
boja i lakova, pa je kupio kantu najtamnije plave farbe
da pokrije zidove, jer je želeo da svrši sa tim – nije hteo
da po triput premazuje.“ Hauard gucnu još malo vina.
„Nisi upoznala njenog muža. On je anesteziolog.“
„Čime se bavio njen ljubavnik?“
„Imao je prodavnicu ploča. Odselio se.“
„Kuda?“
„U Monpelje.“
„Otkud ti znaš sve to?“ „Ko pita, ne skita,“ reče
Hauard. „Jednog dana je tamo u Monpeljeu čistio puš-
ku, pa je ona opalila i ranila ga u nogu. Ipak, nije bilo
ništa ozbiljno.“
„Teško je tako nešto nazvati pesničkom pravdom“,
kažem. „Pa, jesu li Džensonovi ponovo srećni?“
„Ne znam. Ne viđamo ih često“, kaže Hauard.
„Znaš, nismo preterano uključeni u društveni život. Ti
dolaziš samo o praznicima, kad pravimo godišnju
žurku.“
„Oh, zdravo“, kaže Beki, šepureći se po dnevnoj so-
bi, i puštajući iza sebe hladnoću od ulaznih vrata i svoju
drugaricu Deidri. Deidri se cereka, okrećući glavu. „Pri-
jatelji! Prijatelji moji dragi!“ govori Beki dok trči okolo
i ludački maše rukama. U dovratku zastaje i sudara se sa
Deidri. Deidri stavlja ruku na usta da priguši cičanje i
hita u kuhinju.
„Sećam se sebe kad sam bila u tim godinama“,
kažem.
„Mislim da ja nikad nisam bio toliko glup“, kaže
Hauard.
„Devojčice su nešto drugo. Dečaci nikada ne razgo-
varaju bez prestanka, a ni tako napregnuto, je l' da? Za-
pravo, sećam se da je izgledalo da nikad ne govorim
normalno, nego da se stalno ispovedam.“

„Ispovedi se meni“, keže Hauard pošto je stavio Baha na stereo.

„Devojčice tako razgovaraju između sebe“, kažem, a shvatam da govori ozbiljno.

„Gidon Kremer“, kaže Hauard stavljajući ruku na srce. „O, bože – nemoj reći da nije divan.“

„Otkud da tako poznaješ klasičnu muziku? Pitaš, pa ne skitaš?“

„Njujork“, kaže. „Pre nego što sam se doselio ovamo. Još pre nego što sam živeo u Los Anđelesu. Samo sam počeo da kupujem ploče i da se raspitujem. U Njujorku se može saznati dosta toga.“ Sipa mi još vina. „Hajde, poveri mi neku tajnu.“

U kuhinji jedna od devojčica uključuje radio i tihi zvuci rokenrola ukrštaju se s Bahovom violinom. Muzika se utišava. Deidri i Beki se smeju.

Otpijem malo vina, uzdahnem i klimnem Hauardu. „Kad sam prošlog juna išla u San Francisko da posetim Suzan, doputovala sam dan ranije, ali ona nije bila u gradu. Htela sam da je iznenadim, a ona je iznenadila mene. Nije to bilo tako važno. Bila sam umorna od leta i kad sam stigla, bila sam srećna što imam dobar izgovor da uzmem hotelsku sobu; da je ona bila u gradu, celu noć provele bismo u priči. Ponašamo se kao Beki i Deidri, zar ne?“

Hauard zakoluta očima i klimne glavom.

„I tako sam otišla u hotel, uzela sobu i okupala se. Odjednom sam se osećala osveženom, i pomislih, ma do vraga, što da ne odem u restoran kraj hotela – ili je valjda bio u samom hotelu, nemam pojma – što da ne odem na jednu sjajnu večeru kad je ovo mesto već tako sjajno.“

„U koji si restoran otišla?“

„U ’Etoal’.“

„Aha“, kaže on. „Šta se desilo?“

„Upravo ti pričam šta se desilo. Imaj strpljenja. Devojčice umeju da budu strpljive sa svojim drugaricama.“

On ponovo klima glavom.

75

„Bili su vrlo ljubazni. Restoran je uglavnom bio popunjen. Našli su mi sto, i istog trenutka kad sam sela, podigla sam pogled i ugledala čoveka za stolom preko puta, na drugom kraju sale. On je gledao u mene, ja u njega, i bilo je bezmalo nemoguće odvratiti pogled. Očigledno, oboje smo bili kao gromom pogođeni. S druge strane polukružnog stola sedela je žena, ne naročito privlačna. Imala je burmu na ruci. On nije. Jeli su ćuteći. Silila sam se da gledam na drugu stranu, ali čim bih podigla pogled, isto bi učinio i on, ili me je već ranije posmatrao. U jednom trenutku ustao je od stola. Videla sm to krajičkom oka kad sam, dok sam žvakala, okrenula glavu da čujem razgovor s moje leve strane. Nakon nekog vremena, on je platio račun i njih dvoje su otišli. Išla je ispred njega, i izgledalo je da uopšte nisu zajedno. U stvari, on je išao prilično iza nje. Ali, naravno, nije se osvrnuo. I pošto su otišli, pomislila sam: to je čudesno. Zaista kao kinetička energija. Samo fijuk. Zatim sam popila kafu, platila račun, a kad sam odlazila, dok sam se strmim stepenicama penjala ka ulici, prišao mi je konobar i rekao: „Izvinite. Ne znam šta je trebalo da uradim, ali nisam želeo da vas dovodim u neugodnu situaciju dok ste bili u restoranu. Onaj gospodin ostavio je ovo za vas dok je izlazio." Pružio mi je koverat. Bila sam i te kako zaprepašćena, ali samo sam rekla „Hvala" i nastavila da se penjem; kad sam izašla, obazrela sam se oko sebe. Naravno, nije ga bilo. Potom sam otvorila koverat i u njemu našla njegovu posetnicu. Bio je suvlasnik neke advokatske kancelarije. Ispod svog imena napisao je:'Ko ste Vi? Molim Vas, javite se.'"

Hauard se osmehuje.

„Stavila sam je u tašnu; šetala sam ulicama misleći: pa dobro, čemu sad to? Tamo neki čovek iz San Franciska? Zbog čega? Zarad avanture? Vratila sam se u hotel; kad sam ušla, čovek za pultom ustao je i rekao: „Izvinite, da niste upravo bili na večeri?" „Da, maločas", kažem ja, a on će: „Ovo je neko ostavio za vas." Bio je to koverat sa imenom hotela u zaglavlju. Otvarala sam ga u liftu, dok sam išla u svoju sobu; u njemu je bila istovetna posetnica na kojoj je pisalo: 'Molim Vas, javite se'."

„Nadam se da si ga zvala", kaže Hauard.

„Rešila sam da je jutro pametnije od večeri. Ujutru sam donela odluku da to ne učinim. Ali, posetnicu sam sačuvala. I onda sam jednom, krajem avgusta, šetala Ist Vilidžom; ispred mene išao je jedan par, očigledno došljaci; neki panker ustao je s fontane na kojoj je sedeo i rekao im: „Hej vi, ja bih da se slikam s vama." Ušla sam u jednu prodavnicu, a kad sam izašla, i njih dvoje i panker smejali su se polaroid fotografiji koju je snimio jedan drugi panker. Bila je to šala, a ne neka nameštaljka. Čovek je momku dao dolar za sliku i oni su otišli, a panker je ponovo seo na fontanu. Onda sam se vratila do njega i rekla:'Bi li hteo nešto da mi učiniš? Da li bi hteo da se slikaš sa mnom?'"

„Šta?" pita Hauard. Violina cvili. On ustaje i malo utišava muziku. Obazre se preko ramena. „I?"

„Dečko je hteo da zna zašto mi to treba, i rekla sam mu da hoću da napakostim mom mladiću. I pristao je – sav se ozario kad sam to rekla – ali je tražio dva dolara za fotografiju. Dala sam mu novac; zagrlio me je i iskezio se u objektiv. Tako obešen o mom vratu izgledao je kao neki čovekoliki piton, a napravio je grimasu u stilu Mika Džegera. Nisam mogla verovati da je fotografija ispala tako dobro. I te noći, na beloj margini u dnu napisala sam sledeće: „Još uvek ne znate ko sam. Kako ćete me pronaći?" Stavila sam fotografiju u koverat i poslala je u San Francisko. Ne znam zašto sam to učinila. U stvari, to nimalo ne liči na mene, jel' da?"

„Ali kako će te on pronaći?" pita Hauard.

„Još uvek imam kod sebe njegovu posetnicu", kažem, pokazujući zdravim ramenom moju tašnu na podu.

„Ne znaš šta da učiniš?" pita Hauard.

„Već mesecima nisam ni pomislila na to."

„Je li moguće?"

„Je li moguće da neko ode u restoran i stane kao gromom pogođen i on i ona druga osoba? Kao u nekom lošem filmu.“

„Pa naravno da se takve stvari događaju“, kaže Hauard. „Ozbiljno te pitam: šta ćeš uraditi?“

„Pustiću da prođe još neko vreme. Možda ću mu poslati nešto na osnovu čega i dalje može da me sledi, ukoliko želi.“

„Čudesna priča“, kaže Hauard.

„Ponekad – pa, neko vreme nisam razmišljala o tome, ali krajem leta, pošto sam mu poslala fotografiju, dok sam šetala, ili šta sam već činila, preplavio me je osećaj da on misli na mene.“

Hauard me gleda s čudnim izrazom lica. „Verovatno i jeste mislio na tebe“, kaže. „On ne zna kako da dođe do tebe.“

„Ti si pisao scenarija. Šta bi on trebalo da učini?“

„Zar ne bi mogao po pozadini da zaključi da je to Vilidž?“

„Nisam sigurna.“

„Ako bi, možda bi dao oglas u 'Voisu'.“

„Mislim da se iza nas video samo neki automobil.“

„Onda moraš poslati još nešto“, kaže Hauard.

„Zašto? Želiš da se tvoja sestra upusti u avanturu?“

„Na osnovu svega ovoga, rekao bih da je on strašno privlačan.“

„Da, ali šta ako je on običan nitkov? Moglo bi se tvrditi da se jednostavno popalio, i da je bio više nego siguran da ću odreagovati. Zar ne misliš tako?“

„Mislim da bi trebalo da stupiš u vezu s njim. Učini to na neki zabavan način ako želiš, ali ja ga ne bih pustio da mi isklizne iz ruku.“

„Ja ga nikad nisam ni imala. A na osnovu svega ovoga, moglo bi se reći da je oženjen.“

„To ne znaš.“

„Ne“, kažem. „Biće da ne znam.“

„Učini to“, kaže Hauard. „Mislim da ti je to potrebno.“ Govori mi to šapatom – baš kao neka devojčica.

Klimne glavom. „Učini to", ponovo šapne. Onda naglo okreće glavu da vidi kud ja to gledam. Gledam u Kejt, koja, tek okupana i umotana u peškir, vuče telefonski kabl za sobom.

„Frenk", šapće s rukom preko slušalice. „Kaže da će ipak doći na žurku."

Gledam je tupo, iznenađena. Sasvim sam smetnula s uma da Frenk zna da sam ovde. Dolazio je ovamo sa mnom samo jednom, i bilo je očito da mu se Hauard i Kejt ne dopadaju. Zašto je iznenada odlučio da dođe na zabavu?

Ona sleže ramenima, još uvek pokrivajući rukom slušalicu. „Dođi", šapuće.

Ustajem i krećem prema telefonu. „Ako mu ne predstavlja veliki problem", kaže ona. „Možda bi mogao da dovede Deidrinog oca. On stanuje blizu tebe."

„Deidrinog oca?"

„Dođi ovamo", šapuće. „Spustiće slušalicu."

„Zdravo, Frenk", kažem u slušalicu. Glas mi je visok, zvuči izveštačeno

„Nedostaješ mi", kaže Frenk. „Moram da mrdnem nekad iz grada. Sam sam se pozvao u goste. Nadam se da je to u redu, pošto je u pitanju godišnja svečanost, zar ne?"

„Pa, naravno", kažem. „Možeš li da pričekaš još koji trenutak?"

„Naravno", kaže on.

Ponovo pokrivam slušalicu rukom. Kejt još uvek stoji kraj mene.

„Dok sam bila u kupatilu, razgovarala sam sa Deidrinom majkom", šapuće Kejt. „Kaže da njen bivši muž nije u stanju da vozi i da Deidri ceo dan plače. Ako bi ga samo mogao dovesti, oni bi se vratili vozom, ali..."

„Frenk? Ovo je malčice ludo i ne razumem baš pozadinu svega ovoga, ali daću ti Kejt. Treba da nam učiniš jednu uslugu."

„Samo kažite", reče on. „Jedino ako nije u pitanju revizija revizijine revizije zločestog testamenta gospođe Džoan Vajld-Jang."

Dajem slušalicu Kejt. „Frenk?" kaže ona. „Steći ćeš još jednog prijatelja. Budi fin prema njemu, jer su mu nedavno izvadili žučnu kesu pa je jak k'o vrbov klin. Živi u 79-oj ulici."

*

Sedim u kolima kraj Hauarda, ušuškana u kaput i pončo. Krenuli smo u misiju punu ironije – idemo da nabavimo led. Mesec jasno sjaji, i na polju koje mogu da vidim kroz prozor s moje strane krpice snega svetlucaju kao kamenje u potoku. Hauard iznenada daje žmigavac i skreće, a ja se osvrćem kako bih se uverila da u nas niko neće udariti.

„Izvini", kaže on. „Rasejan sam. A ovaj put nije ni valjano označen, ako ćemo pravo."

Na kasetofonu je Majls Dejvis – neki jako tihi Majls Dejvis.

„Imamo vremena da načas skrenemo na zaobilazni put."

„Zašto idemo zaobilaznim putem?"

„Sačekaj malo", kaže Hauard.

„Ciča zima", kežem, i spuštam bradu dok izgovaram te reči, kako bih na trenutak zagrejala vrat. Podižem glavu; ključna kost je još hladnija.

„Setio sam se ovoga kad si rekla ono o kinetičkoj energiji", reče Hauard. „Ti se poveravaš meni, i ja tebi, je li tako?"

„O čemu govoriš?"

„O ovome", kaže dok skreće na imanje na kom stoji natpis „zabranjen pristup". Put je tu duboko izbrazdan, ali kako počinje da vijuga uz brdo, malo se izravnava. On obema rukama grčevito steže volan, naginje se napred kao da će mu svetla i tih nekoliko centimetara približavanja pomoći da bolje vidi. Put ponovo ide pravo, a s naše desne strane ukazuje se ribnjak. Voda u njemu nije zamrznuta, ali led se privija uz ivice kao pena u akvarijumu. Hauard gasi radio, i sedimo tako u hladnoći i tišini. Gasi motor.

„Prošle nedelje, ovde je bio jedan pas", kaže.

Gledam ga.

„Na selu ima mnogo pasa, zar ne?" kaže.

„Šta ćemo ovde?" pitam dok ispravljam kolena.

„Zaljubio sam se u jednu ženu", kaže on.

Posmatrala sam površinu vode, ali kad je progovorio, okrenula sam se i opet ga pogledala.

„Nisam se ni nadao da ću je ovde naći", reče mirno. „Zaista nisam pomislio čak ni da bi pas mogao biti ovde. Valjda me je privuklo samo ovo mesto – to je sve. Želeo sam da vidim može li se onaj osećaj oživeti ako ponovo dođem ovamo. Oživiš ga ako pišeš tom čoveku, ili ga nazoveš. Bilo je to nešto izistinsko. Kad si mi pričala o tome, bio sam uveren da je to nešto stvarno."

„Hauarde, rekao si da si se zaljubio u jednu ženu. Kad?"

„Pre nekoliko nedelja. Semestar je završen. Ona će diplomirati. U januaru odlazi. Diplomac – kako ti se to dopada? Devojčica od dvadest dve godine. Studentkinja filozofije kod mog druga Lajtfuta." Hauard pušta volan. Grčevito ga je stezao i pošto je ugasio motor. Sada je ruke položio na bedra. Čini se da oboje gledamo u njegove ruke. Bar ih ja posmatram, da mu ne bih zurila u lice, a on je oborio pogled.

„Sve je to bilo prilično šašavo", kaže. Dogodila se tolika strast, tako brzo. Možda obmanjujem sebe, ali mislim da joj nikada nisam pokazao koliko mi je do nje u stvari stalo. Shvatila je da mi znači, ali... ali nije znala da mi zastaje dah, razumeš? Jednom smo se dovezli ovamo i napravili piknik u kolima – bio je to košmaran piknik, bilo je toliko hladno – i do nas je dolutao neki pas. Veliki pas. Bilo je to baš na ovom mestu."

Gledam kroz prozor, maltene očekujući da je on još uvek tu.

„Bili smo na tri mrazna piknika. Pas se pojavio tokom poslednjeg. Svideo joj se – podsećao je na mešanca, mada je možda imao u sebi dosta od prepeličara. Pomislio sam da ćemo se loše provesti ako otvorimo vrata, jer pas nije izgledao prijateljski. Ali, ona je bila u pravu, a ja sam pogrešio. Uzgred, ona se zove Robin. Istog trenutka kad je otvorila vrata, pas je počeo da maše repom. Prošetali smo s njim.“ On isturi bradu. „Tamo onom stazom. Bacali smo kamenčiće za njim. Umišljeni konformista sa prosečnim američkim psom zalutalim u šumi, šta kažeš na to? Počeo sam da se izmotavam, nadenuo sam mu ime Spot. Kad smo seli u kola, Robin ga je pomilovala po glavi i zatvorila vrata, a on se odmakao sa tužnim izrazom na licu. Kao da mu je naš odlazak definitivno upropastio dan. I dok smo izlazili na put, ona je otvorila prozor i rekla: 'Zbogom, Rovere.' Tako mi svega, on se istog trena ozario. Zaista sam ubeđen da se zvao Rover.“

„Šta si učinio?“ pitam.

„Misliš, u vezi sa psom, ili s nama dvoma?“

Odmahujem glavom. Ne znam na šta sam mislila.

„Izmakao sam se, i pas nas je pustio da prođemo. Samo je stajao tamo. Posmatrao sam ga u retrovizoru sve dok put nije savio naniže i on nestao s vidika. Robin se nije ni osvrnula.“

„Šta ćeš učiniti?“

„Otići ću po led“, kaže Hauard paleći motor. „Ali, nisi to htela da me pitaš, je l' da?“

Naslanja se na sedište, i dok zaokrećemo u pravcu tragova automobilskih guma, ponovo se osvrnem, ali tamo nema nikakvog psa koji nas posmatra na mesečini.

Vratili smo se kući, i dok Hauard ide ispred mene po stazi popločanoj kamenom, hodam sporije nego što to činim na hladnoći, kako bih sebi dala vremena da se setim na šta me on u ovom trenutku podseća. Setim se istog trena kad mi pažnju privuče ostrvce leda na koje se plašim da ću se okliznuti. Hauard me podseća na onaj kip u sudnici, ne znam mu ime, na skulpturu žene s povezom preko očiju i s terazijama pravde u ruci. Kesa s ledom u levoj ruci, kesa s ledom u desnoj – ali od poveza ni traga. Vrata se iznenada otvaraju, i Hauard i ja pred sobom ugledamo Keniga i njegovu večitu šarenu maramu vezanu oko glave; osmehuje nam se u znak dobrodošlice, a iza njega, u sjaju zabave koja je u punom jeku, crvenokosa žena drži Toda, koji u jednoj ruci steže svog zelenog dinosaurusa, a drugom trlja uplakano i pospano lice. Tod maše – ne baš ocu, nego pre nekom neodređenom prostoru – i najednom sam svesna vrtloga duvanskog dima i vreline na ulazu u kuću, od koje ledeni vazduh koji dopire spolja postaje srebrn. Ne svira „Mesija", što je Kejt izabrala kao savršeno prigodnu muziku; neko je pustio Džudi Garland, i mi ulazimo upravo u trenutku kad ona otpeva stihove „tamo gde me budeš našao". Reči lebde u vazduhu kao dim.

„Zdravo, zdravo, zdravo, zdravo", uzvikuje Beki, prebacivši nogu u dokolenici preko balkona i mašući njome dok joj Deidri rukama zatvara oči i skriva se iza nje. „Vama dvoma, samo zato što ste ovde, od mene vama milion puta, trilion puta – zdravo da ste."

KARTICE

Nekako u vreme preseljenja iz Čikaga u Njujork, pre nego što će početi da živi sa Filipom Nevilom, Džozi je ponovo uzela svoje devojačko prezime. Nismo se videle nekoliko godina i kad smo se ponovo srele promrmljala je, čedno kao devojka kad je neko pozove na ples, da se više ne zove Džozi Renof, nego Džozefina Viloubi. Džozi poznajem otprilike devet godina, i lepo je što opet živimo u istom gradu. Često zajedno odemo na ručak. Danas joj njena svetla kosa sa nenametljivo naglašenim pramenovima pada na ramena, uvijena tako da otkriva lice, što čini da njene oči boje ćilibara izgledaju još krupnije. Na istaknutim jagodicama nema ni traga rumenila; nosi biserne minđuše, a na usne je stavila samo sjaj. Šiške je začešljala unazad i zakačila ih malom ukosnicom od kornjačevine u obliku polumeseca. Konobar je zadivljen, poslužitelj takođe, a isto tako i muškarci za stolom s leve strane. Džozi ispisuje recept za seviš na stranici iz svog adresara pod slovom Z. Deluje kao da je ništa posebno ne zabrinjava, čak ni to što je iz svog lepog adresara istrgla list. Ne podiže pogled čak ni kad konobar stavi crno vino pred nas.

„Oni muškarci misle da smo dostojanstvene“, prošapćem.

„Ne bih rekla da je baš tako.“

„Ah, ti misliš da svim tim dosadnim muškarcima mozak radi kao Kazanovi. Znaš o čemu oni misle? Kako da upišu sina na Darmut. A zatim se pitaju da li da naruče crnu ili sivu fotelju za svoj radni sto.“

„Ne, oni se pitaju koji parfem koristiš, i mrziš li svog muža zato što je glasao za Regana toliko da bi bila spremna da mu danas popodne uradiš nešto iza leđa.“

„Oni misle na prostrane krevete u Helmzliju.“

„Ili na trgu Ujedinjenih nacija“, kaže ona. „Pa misle da su strašno otmeni zato što malo ko zna za njih. Znaš, oni žele da nakon onoga malo plivaju.“

Konobar donosi predjelo. Džozi je naručila paštetu. Ja jedem boršč, sasvim sigurna da ću njime umrljati svilenu bluzu. Već osećam kako kapljice supe izleću iz činije kao pesak nošen vetrom. Mešam pavlaku, oklevajući da počnem s jelom.

Džozi se naginje preko stola i došaptava mi: „Kladili su se u pare da ćemo naručiti belo vino i salatu od kelja.“

Naši su ručkovi uvek obilni. Užasavamo se da bi ljudi mogli misliti da spadamo u dame koje naručuju ribu na žaru i zamrznuto grožđe. Prošle nedelje smo u jednom grčkom restoranu jele musaku i mnogo hleba s puterom.

Poslužitelj sipa vodu u moju čašu.

„Zabunila sam se“, kaže Džozi, mažući kiflu puterom. „Snimili smo 'Hotel Grand'. Dođi u petak da ga pogledamo. Povedi i Maksa.“

„On je u Nemačkoj.“

„Gospode Bože, zašto on toliko putuje? Filip obožava da se druži s Maksom, ali on nikad nije u gradu. Filipa je sram da prizna da mu neko nedostaje. To sam mu i rekla, a on je ustuknuo i izjavio da ga Maks toliko zanima samo zato što je očigledno da je on agent CIA. Mislila sam da je ta paranoja oko CIA odavno utihnula. Bar je tako kod svih drugih.“ Ispija čašu vina do dna. „Šta on radi u Nemačkoj?“

Jedan od četvorice muškaraca, onaj najzgodniji, okreće se u stranu i osluškuje.

„Pregleda računovodstvo neke firme koja posluje s njegovim preduzećem.“

„Svejedno, dođi“, kaže ona. „Filip je naručio ceo sanduk ovoga. Pokazuje na svoju praznu čašu. Konobar joj prilazi i stavlja pred nju porciju jagnjećih kotleta. Prelazi na moju stranu stola i stavlja ispred mene salatu od jastoga. Drugi konobar pita želimo li još vina.

„Ne, hvala“, kaže ona.

Čovek za susednim stolom prekršta noge. Vadi cigaretu iz srebrne tabakere i stavlja je u usta. Drugi se naginje da mu je pripali.

„Šta je Maks preduzeo u pogledu one žene što se bila zaljubila u njega?“

„Ne znam.“

„Stalno je telefonirala dok si bila tu.“

„Sigurno je zvala i onda kad nisam bila tu.“

„Šta je preduzeo?“ pita Džozi dok prstom sklanja peršun sa drugog kotleta.

„Ne znam. Nisam sigurna ni da su ti pozivi prestajali. Počela je ponovo da ga zove posle skoro godinu dana.“

„Nadam se da ja ne činim takve stvari“, kaže Džozi.

„Ovaj je uvod kao poručen da se napravim nevešta.“

„Zbog čega? Misliš da ja ne bih učinila tako šta?“

„Ne, samo sam htela da kažem: zašto bi ti zivkala Maksa?“

„Da ti kažem“, kaže, brišući usta. „Kad on ne bi bio tvoj momak, zvala bih ga.“

Posuđe je sklonjeno. Naručujem kafu. „Dve“, kaže Džozi.

Bezmlao istog trenutka konobar prilazi stolu, visoko noseći šoljice i tanjiriće, dok se para vije. Stavlja kafe na sto, potom se izmiče, zastane za trenutak, pa ode po pavlaku i šećer. Čovek koji je okrenut postrance podiže prst i traži račun. Para iz kafe diže se do moje brade, potom se stanji i razveje.

„Ta Filipova paranoja u vezi sa CIA“, kaže Džozi. „A brak pominje samo kad hoće da kaže da ne razume njegovu svrhu. Mogla bih i bez tih navika.“ Srkne kafu, pogleda me i nasmeši se. „Sećaš li se kako smo nas četvoro ostali zavejani u kući tvoje tetke u Saratogi? Mislili smo da se nikada nećemo izbaviti. Pozajmile smo skije, pa smo se skijale sve dok nam se noge nisu iskrivile od bola. Sećam se onog velikog oslikanog prozora i kožnih jastučića na foteljama. Sedeli smo ispruženih nogu i gledali ptice koje su letele kao grudve."

„Veverice-kamikaze."

„Ned je toliko voleo svoj šator da je izašao napolje po snežnoj oluji i razapeo ga," reče ona.

Ned i ja razveli smo se pre tri godine, ali ja se još uvek skamenim kad ga neko pomene. Znam kako izgledam u očima drugih: moja je mirnoća prenaglašena, a prsti nežno lebde nad ivicom šolje za kafu, kao da igram šah. Ned razapinje šator. Ned imitira vevericu tako što podupire slomljenu granu na kojoj visi kuhinjska rukavica nalik na glavu aligatora. Sneg je padao dva dana bez prestanka. Džozi je bila u braku sa Džekom Ranofom. On je voleo Betovena, a pretvarao se da voli Mocarta. Naredne godine razveli su se, a protiv njega je podignuta optužnica zbog prevare, pa potom oborena. Ned i Džek bili su zajedno u Koreji. Bili su kao braća, iako Ned nije podnosio klasičnu muziku. On je slušao samo 'Rolingstounse'. Jednom smo Džozi i ja, pukim slučajem, kupile njima dvojici identične crvene džempere sa rol kragnom. Sreli su se, obojica isto odeveni. Ni jedan ni drugi taj džemper nikad više nisu obukli.

„Pitam se, upušta li se Ned još uvek u svoje divlje avanture."

„O, da", kaže ona, srkućući kafu.

„Šta hoćeš da kažeš?"

„On još uvek želi da svaki slobodan trenutak provede u prirodi. Još uvek priča o nebu kao da ga je juče otkrio."

„Otkud znaš?" pitam.

„Pa tako što... ma zašto se pravim da te nisam čula? To je stvarno čudno. Sam Bog zna da ga nisam tražila. Išla sam s Filipom očnom lekaru. Kad mu stave te kapi, ne vidi ništa i ponaša se kao malo dete. Sedela sam u čekaonici i onda je ušao Ned. Ogrebao je rožnjaču dok je vozio bicikl u Central parku. Tek se bio doselio, a već ga je grana ogrebla po licu. I on se iznenadio što mene vidi. Bilo je čudno. Nije bio siguran da sam to ja. Gledao me je samo jednim okom."

„Šta je rekao?"

„Pa znaš, bilo je tako čudno. On je mene pitao kako sam, pa sam i ja njega. Onda je Filip izašao iz ordinacije, i istog trenutka učinilo mu se da će se onesvestiti. Pružio je ruku i Ned mu je pomogao da sedne. Bolničarka je otišla po doktora. Filip je bio tako zbunjen. On je pravo dete."

„Je li s njim bilo sve u redu?"

„To su samo kapi za oči. Ispare za sat vremena."

„Pitala sam te za Neda."

„A, da. Ispostavilo se da nije ništa ozbiljno. Neki Filipov klijent insistirao je da nas njegov vozač odvede doktoru, pa smo i Neda odbacili do kancelarije. Tokom vožnje, on i Filip otkrili su da su napustili posao iz istog razloga. Posle su se sastali i zajedno otišli na ručak. Filip ga je pozvao na večeru. Mislila sam, videćemo se jednom, i to će biti sve."

„Je li doveo nekog na večeru?"

„Pa naravno da jeste. Razvedeni ste već godinama, zar ne?" Uzdahnula je. „Viđamo ih jednom u dve nedelje, samo toliko."

„Viđaš ga svake nedelje? Koliko?"

„Nisam želela da govorim o tome i da te rastužujem", kaže. „A ipak, osećala sam se čudno. Kao da imam neku tajnu." Zabacuje kosu unazad. „On je Filipov prijatelj, a ne moj."

„Ako želiš da budem velikodušna i da kažem da nema razloga da ne budete prijatelji, ne mogu to. Mislim da on ne bi trebalo da bude tvoj prijatelj."

„On to i nije. Oni idu kod Filipovog brata u Mejn. Ja ne idem s njima."

„Nego šta radiš?" pitam.

„Pa šta misliš da radim? Da spavam s njim?"

„Nisam to rekla. I prilično je uvredljivo..."

88

„Ama, zašto kažeš 'uvredljivo'?" Ona pruža ruku i hvata me za zglob. „Ne mogu ja Filipu naređivati s kim će se družiti."

„Ti se dobro sećaš kako je bio lud", kažem.

„Nije bio lud, bio je zao."

„Više nije takav?"

„Prijatan je. I ja sam prijatna. Šta misliš da treba da učinim?"

„Izvini."

„Nema razloga da mi se izvinjavaš. Sve je to tako čudno. Pravo da ti kažem, suština problema je u tome što ja neću da se suprotstavljam Filipu. Samo sam rekla da Neda znam iz viđenja, odranije. Odmah sam videla da mu se dopao. On uvek govori da se meni ne sviđaju ljudi koje on voli. Dakle, trudim se da budem fina. Pokušavam da ga ubedim da se oženi mnome."

„Trebalo bi da to učini."

„Trebalo bi, ali on to neće, ma koliko ja bila fina. Da hoće, već bi se mnome oženio, bez obzira na ovo."

„On tebe ipak voli", kažem.

„Da", kaže ona. „I Maks voli tebe."

Ruke su nam položene jedna preko druge. Konobar polako ulazi u Džozino vidno polje. Ona se okreće prema njemu i pruža ruku da uzme račun.

„Ja ću platiti", kažem.

„Znam da je neukusno svađati se oko računa", kaže ona, uzimajući račun od konobara. „Ali, osećam se tako užasno. Daj da te častim."

„Što bi se ti osećala užasno?"

„Zato što sam uopšte išta pominjala. Ali, znaš, da si saznala, mislila bi da sam te izdala. To je samo jedna od onih čudnih stvari."

Jednom rukom otvara tašnu, laktom je pritisnuvši uza se. „Ako ćeš se zbog toga osećati bolje, zahvaljujem ti", kažem.

„Dobro."

Konobar odnosi poslužavnik. Jedna nogavica mu je malo duža od druge. Manžete su mu zavrnute, a ne prošivene. Nosi ortopedske cipele. Uzima račun s našeg stola i sa stola onih muškaraca. Hita preko sale i vraća se, naklonivši se dok ponovo stavlja poslužavnik na sto. Poslužitelj sipa vodu.

Uzimam tašnu u trenutku kad čovek za susednim stolom kaže: „Džozefina Ranof". I Džozi i ja se brzo osvrnemo. Čovek se osmehuje: „Ne znam kakvo je stanje na vašem računu, pa se plašim da ću morati ovo da vam vratim", kaže.

Konobar je Džozinu kreditnu karticu greškom stavio na poslužavnik tog čoveka. On joj pruži karticu, ali vidi da je ona neće moći dohvatiti. Oboje se pridižu. Njegova bela salveta pada na pod. On prilazi našem stolu s osmehom.

„Hvala vam", kaže ona.

On uzima svoju karticu sa poslužavnika. „Računi su u redu", kaže, „samo su pobrkali kartice."

„Pokajaćete se", kaže ona. „Stanje na mom računu je sjajno."

„Baš kao i hrana u ovom restoranu", kaže on. „Jeste li već dolazili ovamo?"

„Više puta", kaže Džozi.

„Odličan restoran", ponavlja on. „Počeli smo da dolazimo ovamo gotovo svaki dan."

Obe se osmehnemo. Iako nenametljiva, poruka je sasvim jasna: ovde ga možemo sresti.

Konobar primećuje da razgovaramo, posumnja da je pogrešio i pohita ka našem stolu.

„Sve je u redu", kaže onaj čovek. „Vrlo smo lako rešili problem. Bio sam siguran da se ne zove Džozefina Ranof."

Uzimamo kapute. Stavljam novčić od jednog dolara u veliku bronzanu činiju. Vlasnik nam otvara vrata. Ulica je preplavljena svetlo žutim taksi-vozilima. Jedan dostavljač krivuda kroz saobraćaj koji trubi, vozeći bicikl bez ruku.

„Imam osećaj da ovaj čovek neće zaboraviti tvoje ime", kažem. Džozi i ja hodamo po vetru, pripijene jedna uz drugu.

„Nikakve vajde nema od toga", kaže ona. „Ja nisam Džozefina Ranof. Ja sam Džozefina Viloubi koja želi da postane gospođa Viloubi-Nevil." Odmahuje glavom. „Nije li sve to suludo? Nije li ludo to što u ovim godinama toliko žudim za promenama? Čekanje mi nije jača strana. Koliko do juče, upustila bih se u flert. Pustila bih da prođe nekoliko dana, pa bih ponovo otišla tamo na ručak. Otišli bismo – gde si ono rekla – u Helmzli."

„Bi li to stvarno uradila?"

„Verovatno bih", kaže ona. Osmehuje se. Poseže rukom u džep, vadi iz njega nešto i pokazuje mi.

„Vraćamo se na posao, s nadom u srcu", uzdahne ona.

„Njegova posetnica?" kažem, posegnuvši da je uzmem. „Onog čoveka iz restorana?"

„Valjda ti je jasno da je zamolio konobara da napravi omašku."

„Kad ti je dao ovo? Zašto mi nisi rekla?"

„Evo, sada ti kažem. Sakrio je svoju vizit-kartu ispod moje 'Ameriken ekspres' kartice." Uzima posetnicu, vraća je u džep i hvata me ispod ruke. „To uzbuđuje muškarce, je l' da? Bace mamac, pa se naprave nevešti." Džozi gleda u pločnik, i pre nego što joj vetar nanese kosu na lice, vidim da se osmehuje. „Oni jedino ne znaju da mi to stalno činimo."

ZAMISLI POSLEDNJI DAN ŽIVOTA

Ponekad mi se čini da i ja spadam među njih. Isprva je moja žena Harijeta želela samo dvoje dece. Nakon što se rodilo treće, pa četvrto, ja sam, razume se, priželjkivao sina. Peto dete, Majkl, bilo je plod slučaja. Alison je treća po redu, a Deniza broj četiri. Dete broj jedan, Karolina, uvek je bila najpametnija i najnemirnija; uvek sam mislio da će Džoanin talenat doći do izražaja, ali s njom nema diskusije: baletani su mišićavi i uobraženi, mnogi od njih kubure s drogom i alkoholom, a nimalo nije zabavno posmatrati kako neko deformiše telo u ime umetnosti. Alison je bila posve obična. Razvila je dobar smisao za humor, verovatno kao kompenzaciju za to što nije privlačna ni darovita kao njene starije sestre. Četvrto dete, Deniza, bila je nadarena za slikanje bezmalo koliko i Džoan za balet, ali se udala mlada pa je digla ruke od slikanja, izuzev u prilikama kad pravi božićne čestitke za familiju. Majkl je učitelj skijanja u Aspenu – on sve one turiste gura niz padine s osmehom. Mislim da mu se sviđa da drži ljude na distanci. Celog života je samo time zaokupljen.

Predstava moje supruge o sreći izgleda ovako: članovi porodice, odeveni u svečano ruho i postrojeni na verandi pokraj svojih supružnika i dece, poziraju fotografu, baš kao engleska kraljevska familija. Harijeta sva ključa od energije. Prošlog proleća je našu stolicu za ljuljanje poklonila dobrotvornoj organizaciji zato što, kako reče, podstiče osećanje letargije.

Harijeta je dobra domaćica, ali popodneva provodi za svojom pisaćom mašinom marke „Remington", opisujući leševe nađene u plastu sena i masovne ubice koji operišu po maskenbalima – najčudnovatije stvari koje se mogu zamisliti. Od pisanja tih misterija prilično zarađuje, pa jednom u dve godine iznajmimo vozača i putujemo po Americi, posećujući prijatelje i rođake. Noću, u sobi motela, ona stavi pisaću mašinu na komodu, nagomila jastuke na stolici i počinje da kuca. Ništa ne može da joj odvuče pažnju. Kad je kod kuće, posle ručka odjuri u zoološki vrt da vidi neku životinju ili se čak uputi na gradilište, noseći magnetofon sa sobom, da se raspita kako se kopaju kanali. Harijeti se dešava sve i svašta, i to stvara dinamiku. Dobijamo toliko poziva za zabave da nismo u stanju da odgovorimo na sve. Ljudi bi nas pozivali i na doručak kad bismo mi hteli da dođemo.

Harijeta kaže da me je toliki provod razmazio i da ćemo se teško navići na starački život. Krajem svake godine imamo tuce novostečenih prijatelja – policajce kojima je ona prirasla za srce, novog službenika u gradskoj biblioteci. Prošle godine je u našoj kući mesec dana boravio neki trgovac meksičkim pasuljem-skakavcem* kad mu je posao krenuo nizbrdo. Njegove kutije u predsoblju proizvodile su isti zvuk kao automati za kokice u bioskopima.

Neki ljudi potcenjuju ono što Harijeta radi, ili nemaju razumevanja za to što sam se povukao s položaja, ali ništa ne traje doveka, zar ne? Osećao sam se kao dinosaurus, kao neko ko prekraćuje vreme u iščekivanju katastrofe. Osećao sam se kao vrsta koja izumire, eto kako. A koliko bi ljudi i dalje radilo ono što rade, samo kad bi imali uslova da rade nešto drugo?

Devojke su blagonaklone prema majci, i mislim da joj se prilično dive, naročito Alison i Deniza. Njima dvema nije sve u životu bilo potaman, što je razumljivo,

---

*Seme meksičkog rastinja koje „poskakuje" zbog larvi moljaca koje se u njemu nalaze.– *Prim. prev.*

jer svaki roditelj, hteo-ne hteo, ima svoje ljubimce. Mene je Karolina prilično zaprepastila svojom privlačnošću i inteligencijom. Imala je tek osam meseci kad je prohodala! Nikad nije puzala. Jednog dana kad smo je izvadili iz ogradice, ona se samo podigla na noge i krenula preko tepiha. Samo pravo. Udala se za budalu, ali reklo bi se da je zadovoljna njegovom glupošću. Džoan se preudala za jednog finog čoveka koji poseduje banku – upravo tako, poseduje! – u Mičigenu. Lepo se oporavila posle svog prvog, katastrofalnog braka, što nije nikakvo iznenađenje, kad se uzme u obzir da je dobila dve ćerke i upisala prava. Ima i tri dalmatinca. Ti psi je gnjave i kod kuće i van nje. Alison radi kao trgovački putnik za jednu veliku robnu kuću i vrlo je bliska sa svojom mlađom sestrom Denizom. Tokom cele godine, Alison misli samo na džempere – potpisuje ugovore za pletenje džempera, ide u obilazak fabrika u kojima se džemperi izrađuju. Od nje na poklon dobijamo – džempere. Deniza i ona s proleća putuju, u potrazi za džemperima. Harijeta i ja dobijamo razglednice u kojima nam pišu kako izgledaju gradovi koje posećuju, šta su jele za večeru i ponekad o tome kako su njih dve otkrile neki zanimljiv džemper.

Majkl je u poslednje vreme izvor briga. Tako to biva: sve svoje nade polažeš u jedno dete, i upravo ono izneveri tvoja očekivanja. On se nameri da dođe kući, i u poslednjem trenutku otkaže dolazak, šalje fotografije na kojima se njegovo lice jedva razaznaje. Ponekad se razbesnim, pa mu kažem da zanemaruje majku i mene, ali te primedbe mu samo uđu na jedno uvo, a izađu na drugo. On kaže da nas ne izlaže neprijatnostima i da ništa ne traži, ali nije to u pitanju. Stalno mi prebacuje kako se ponudio da me nauči da skijam, a ja sam to odbio. Nemam sportskih sklonosti, a on to prima kao ličnu uvredu. Često se položaj roditelja tako preokrene, roditelj postane taj koji zaostaje i neće da pokuša ništa novo. Majkl je uvek bio svadljiv, ali ja nikad nisam verovao u dolivanje ulja na vatru. Harijeta kaže da je on zenica mog oka, na šta ja kažem: „Šta to znači? Da svet gledam kroz ružičaste naočare kad je Majkl u pitanju?" Mislim da smo kod poslednje troje dece i ona i ja bili popustljivi.

Harijeta mi stalno govori da treba da živim u sadašnjosti. Iz štosa je izbezumljenog mrtvozornika iz svojih romana nazvala mojim imenom. Ali ja nikad nisam smatrao da decu treba roditi, pa ih pustiti u beli svet. Deca su zanimljiva bića. Oni, svi skupa, govore sedam stranih jezika. Ako mi ustreba savet o kupovini akcija, mogu telefonirati jednom zetu, a ako hoću da kritikujem predsednika, pozivam drugog. Dabome, moja deca nisu saglasna u tome kako treba živeti, a ponekad čak ne govore jedni s drugima, ili pišu pisma zbog kojih kasnije sigurno zažale. Ali uprkos svemu, osećam da su jedni drugima veoma odani.

Cela porodica okupila se poslednji put prilikom naše četrdesete godišnjice braka. Televizor je bio uključen dononoćno, a u kuhinji je bio takav nered da se u njemu niko nije mogao snaći. Alison i Džoan su čak dale prijateljima naš broj telefona, kao da su u emigraciji, a ne na vikendu kod roditelja. Telefon se usijao. Alison je dovela svog psa, a Džoan svog najdražeg dalmatinca, i njih dvojica su se tako potukli da je Alison morala svoga preko noći da ostavi na zadnjem sedištu automobila. Onaj drugi je cele noći hodao po kući, s namerom da ga se dočepa. Na kraju posete, kad je i poslednji automobil krenuo, Harijeta mi je priznala da joj je bilo nepodnošljivo. Bila je ušla u kuhinju, u ugao stavila metlu naopačke i raširila makaze u pravcu njenih čekinja. Jednom je razgovarala s nekom ženom koja se bavila vudu-magijom i ova joj je rekla da je to najefikasniji način da se ratosiljaš gostiju. Harijetu je pomalo grizla savest zato što su čini delovale: Deniza je, po prvobitnom planu, trebalo da krene u ponedeljak rano ujutru, ali je otišla već u nedelju u podne – otišla je poslednja.

*

U svom posedu imam kasete s muzikom za koju deca misle da njihova majka i ja treba da je slušamo, fotokopirana svedočanstva naše unučadi, bocu kalifornijskog vina na čijoj etiketi stoji da je flaširano specijalno za Džoan i genijalan privezak za ključeve koji je nemoguće izgubiti, jer se na tvoje zviždanje uvek oglašava pištanjem. Za godišnjicu sam od Alison dobio na poklon album za fotografije u lepom čvrstom povezu, nazvan „radosnica". Ispunila ga je fotografijama unučića, muževa, mačaka, pasa, kao i karikaturama koje su joj se činile zabavne. Dobio sam još jednu radosnicu, potpuno praznu, sa posvetom u kojoj kaže da mogu da se radujem čemu god poželim.

Dugo su albumi samo stajali na stočiću, zatrpani časopisima i pismima Harijetinih obožavalaca. Onda sam jednog dana išao stazom prema kući, pogledao u zemlju i ugledao jedan list ginka. Sjajio se kao dragulj. Bio sam zadivljen, iako vetar već godinama nanosi to lišće sa drveta u susedstvu. Stavio sam list na stočić, a onda mi je palo na pamet da bih ga mogao staviti u radosnicu, utisnuti ga među plastične stranice, možda čak dodati još koji list.

Sledećeg dana stavio sam list pod plastiku i potom krenuo u potragu za drugim listovima. Do kraja nedelje, ispunio sam album. Ne sećam se da sam se čime sličnim bavio kao dete. Neko vreme sakupljao sam poštanske marke, ali lišće je bilo nešto sasvim drugo.

Zapravo, ostalo je nekoliko stranica, tačno u sredini albuma, koje nisu popunjene, a sve je hladnije, i lišće brzo gubi boju. Možda ga neću ispuniti do sledeće godine. Ispunio sam početak, jer sam imao neku predstavu o tome kako bih želeo da album počne, a onda sam popunio poslednji deo, jer sam našao list koji je bio kao poručen za kraj, ali u pogledu ostalog nisam bio siguran.

Mislio sam da bih možda mogao naći neke zaista neobične listove ako odem u prirodu.

I tako sam se juče odvezao do šume u Bejtsvilu i dao se u potragu. Da sam tražio ptice, tamo bih ih našao napretek. Bio je to jedan od onih dana kad je nebo tako plavo i kad ti na jakom svetlu kora drveća gotovo bode oči, kad se pitaš: zašto ovo ne činim svakog dana? Zašto nisu svi izašli u šetnju? Za mene je to misterija – ne činjenica da ima toliko dvoličnih ljudi i toliko zavera i zločina, nego to što su u stvarnom životu ljudi tako retko tamo gde bi trebalo da budu. Obično ne mislim o smrti, ali ti albumi su bili poklon za večni pomen na četrdeset godina braka, i to bi svakoga navelo da misli o svemu što se događalo, kao i o onom što neizbežno sledi. Tog dana u šumi, pomislio sam: nemoj bežati od pomisli na smrt. Zamisli poslednji dan svog života. Nisam imao na umu ljude koji leže u bolnici, niti one koji su na drumu videli kako im nesreća dolazi u susret. Mislio sam na miran dan, dan kao i svaki drugi, kad se odjednom sve ubrza ili možda uspori – i kad se sve događa u magnovenju. Svet ide dalje, i ti to znaš. Nisi onemoćao, ništa te ne boli, ne dešava se ništa dramatično. Iznad tebe leti vrabac, povetarac šušti u lišću. Hodaš, i tvoja stopala odjednom *osete* zemlju. Ne kao kad nosiš udobne cipele. Ne mislim ni na osećaj da ti je pod nogama čvrsto tlo i da u trenutku shvatiš da si samo smrtnik koji tuda prolazi. Mislim na ono kad se učini da je moguće osetiti zemlju, čvrstu pod tobom, a da te u isto vreme vazduh podseća da postoji lakoća, u kojoj onda ogrezneš i potoneš, tako da si odjednom svestan da bi te sledeći nalet vetra mogao oboriti, a da to ne bi bilo ništa loše. Možda žmirkaš na suncu, gledaš kovitlanje lista koji pada, i doista si iznenađen što si tu i što ga vidiš. Ponovo duva vetar, i mreška površinu vode. Ptica! List! Oblaci se izdužuju i u tankom sloju šire preko srebrnastog neba. U daljini – drveće. Ili pramen mesečine, u ranim večernjim satima. Onda zamisliš da te više ne-

97

ma, da si tamo odakle možeš dohvatiti sve što je uvek bilo vrtoglavo visoko ili daleko, udaljeno čitave svetlosne godine, i odjednom možeš da skineš zvezde s neba, da namah pokupiš sve opalo lišće.

ONO ŠTO BEŠE MOJE

Oca ne pamtim. Imam samo dve njegove fotografije – na jednoj od njih dva vojnika stoje zagrljeni, lica bleđih no što su njihove kape, pa im se crte lica teško mogu razaznati; na drugoj se otac vidi iz profila, nagnut nad mojim krevetićem. Lice mu na toj fotografiji ne odaje neki određen izraz, premda ima vrlo lep rimski nos i gustu kosu, koja bi bila vrlo upečatljiva da nije tako kratko podšišana. Na poleđini očeve fotografije iz profila piše „Gaum", što je neobjašnjivo, dok na poleđini one s vojnicima stoji „Rođenje deteta: 28. 5. 1949".

Sve do svoje pete ili šeste godine nisam imao razloga da posumnjam da mi je Herb ujak. Možda bih u to verovao mnogo duže da se moja majka nije izletela one noći kad sam otvorio vrata njene spavaće sobe i ugledao Herba, golog od pasa nadole, kako kleči u podnožju kreveta i drži buket ruža kao neki šegrt koji maše keksom ispred nosa zaspalog psa. Toga dana bili su na nekoj svadbi i moja majka je uhvatila buket. Herb je voleo kapljicu, ali ja to tada nisam mogao znati. Bio sam i sam trapav, pa se zato nisam čudio što on s vremena na vreme naleti na zid ili se saplete o ogradu. Majka mi nije dozvoljavala da sednem u kola s njim, ali ja sam mislio da je to samo jedno od njenih samovoljnih pravila koja je svakome nametala – te smeš da gledaš televiziju samo sat vremena dnevno, te moraš da u čašu prvo staviš kakao, pa onda mleko.

Jedna od najranijih uspomena iz mog detinjstva jeste ta noć kad sam otvorio vrata majčine sobe i video kako

Herb gubi ravnotežu i pada preko buketa, kao lopov koji krije ukradeni hleb ispod košulje.

„Estane", reče majka „ne znam šta radiš ovde u vreme kad treba da si u krevetu i zašto ulaziš bez kucanja, ali mislim da je kucnuo čas kad treba da ti kažem da smo Herbert i ja veoma bliski, ali ne onako kao članovi porodice, ne kao brat i sestra. Herbert nije tvoj ujak, ali moraš se i dalje ponašati kao da jeste. Drugi ljudi ne bi trebalo da o ovome išta znaju."

Herb se bio izvrnuo na bok. Dok nas je slušao, prsnuo je u smeh. Bacio je zgnječeni buket, a ja sam ga uhvatio tako što sam napravio iskorak i dočekao ga ispružene ruke. Herb me je bio naučio da se tako hvata lopta, zato što sam bio sklon da prenaglim i prebrzo istrčim. Do trenutka kad sam buket uhvatio, majčine reči su postale nerazgovetne: kucanje, Herbert, ne kao članovi porodice, nemoj nikom reći.

Herb se skotrljao s kreveta, ustao i navukao gaće. Bilo mi je jasno da je on u većem škripcu nego ja. Mislim da mi je rekao nešto o tome kako su njegova osećanja prema meni potpuno ista, iako mi nije ujak. Znam da ga je majka gađala jastukom i rekla mu da me ne zbunjuje. Onda je pogledala u mene i rekla mi, jasno i glasno, da Herb nije član naše porodice. Posle toga se popriličio uzrujala, pa je ustala i izmarširala iz sobe, zalupivši za sobom vrata. Herb je nehajno odmahnuo rukom. Mnogo sam se bolje osećao ovako nasamo s njim. Valjda sam pomislio da bi mogao nestati (jer čim mi nije ujak, možda može iz čista mira da iščezne), pa je njegovo trajno prisustvo delovalo vrlo umirujuće.

„Ništa ti ne brini", rekao je. „Stopa razvoda je u prastu, ljudi svakih pet minuta požele da promene posao. Videćeš da će Dvajt Ajzenhauer opet dobiti na ceni. Neće imati status u istoriji kakav ima danas." Pogledao me je. Seo je na krevet. „Ja sam momak tvoje majke", rekao je. „Ona neće da se uda za mene. Nema veze. Nikud ja neću otići. Neka ostane među nama da ja nisam ujka Herb."

*

Moja majka je bila visoka i plavokosa, i bila je najstarije dete u jednoj nemačkoj porodici koja se tokom dvadesetih doselila u Ameriku. Herb je imao tamnu kosu i bio je jedinac iz braka jednog Libanca i Engleskinje mnogo mlađe od njega, koja se i na sam dan svog venčanja još uvek premišljala da li da napusti anglikansku veru i pređe u katoličku, te da postane kaluđerica. Kad se vratim unazad, shvatim da su majčin stid zbog visine i njena zadojenost verovanjem da je ključ za srećnu budućnost u njenom stvaranju velikih dela, i Herbova nelagoda zbog svoje vunaste kose, skupa sa detinjastim pokušajima da pomiri roditelje, proizveli čudnovatu vezanost Herba i moje majke: nju je privukla njegova pomirljiva priroda, a njega njena trezvenost. Ili su nju možda privukle njegove neobične oči boje ćilibara, a njega nehotična seksualnost u njenom devojački samosvesnom ponašanju. Može biti da je on nalazio veliko zadovoljstvo u tome da je iznenađuje, da ugađa njenim skrivenim, prefinjenim željama, a da je nju potajno radovalo i činilo zadovoljnom to što on zdravo za gotovo prihvata činejnicu da je ona osoba velikih sposobnosti, te nije morala da se ni na koji način dokazuje pred njim.

Ona je radila u banci. On je bio zaposlen u jednom pogonu za izradu automobila, a vikendom je svirao klavir, harmoniku a ponekad i tenor saksofon u baru na aveniji Pensilvanija po imenu „Veseli mornar". Subotom uveče sedeli smo majka i ja jedno kraj drugog, lepo obučeni, u separeu presvučenom plavim skajem preko kojeg su visile mreže, ekserima pričvršćene uza zid, posute morskim zvezdama, morskim konjicima i školjkama koje su iznutra bile oslikane ili oblepljene nalepnicama. Da bih ih video, morao sam da se okrenem u stranu i pogledam više majčine glave. Morao sam da uvežbam pretvaranje kako gledam preda se i naizgled zadivljeno slušam ujka Herba, i da u isto vreme skrenem pogled na sitne crteže zalaska sunca, duge i lađa na mesečini. Ujka Herb je na harmonici svirao sporu verziju pesme „Budi moja draga" dok sam ja pijuckao šeri-kolu sa pravim višnjama – dobijao sam po tri zato što sam se dopadao konobarici. On je svirao na klaviru „Dok vreme prolazi", i pevao tako tiho da se činilo da mumla. Majka i ja uvek bismo delili porciju ribljih specijaliteta koja se sastojala od četiri morska račića, raka i jastogovog repa (ako gazda nije bio u kuhinji, dobili bismo dva) koji bi majka uvek umotala u salvetu i sačuvala za nedeljni ručak. Iskrižala bi ga i služila s pirinčem, uz zelenu salatu i paradajz koje smo jeli skoro svaki dan.

Ponekad su pesme koje je ujka Herb pevao bile posvećene parovima koji su slavili godišnjicu braka, dečacima što slave rođendan ili ženama čiji su udvarači više voleli da on otpeva romantične fraze koje su se ustezali da izgovore. Svako veče, Herb bi po jednu pesmu posvetio mojoj majci; uvek bi je pomenuo kao „meni dragu osobu" i klimnuo u pravcu našeg separea, iako nikad ne bi pogledao pravo u nas.

Moja majka je brže pesme pratila tako što je prstima dobovala po sjajnoj lakiranoj površini stola. Za vreme laganih melodija, klizila je prstom po ivici stola, pomerajući ruku pažljivo kao da opipava oštricu noža. Više njenih plavih uvojaka video sam verzije onog što je, po mom mišljenju, trebalo da budu najegzotičnija mesta na zemlji – toliko egzotična da bi i od slučajne misli na njih srce brže zakucalo svakome ko je čuo za Havaje ili Bora-Boru. Pošto je majka pušila, te sam predele ponekad posmatrao kroz omaglicu. Kad bi svetla promenila boju iz plave u ružičastu tokom poslednjeg bloka pesama koje je ujka Herb svirao, ona bi se pretvorila u najdivotnije viđenje raja. Bio sam omađijan prividom njihove romantične čistote, dok je Herb svirao melanholičnu verziju „Oluje", potom uzimao saksofon za „Zelene oči" i obavezno završavao nekom pesmom Bili Holidej, svirajući je na klaviru, bez glasovne pratnje. Tad bi svetla poprimila tmastu crvenu boju i polako zasijala zlatnom svetlošću koja mi je delovala zapanjujuće, kao oblak nad Los Alamosom posmatračima svetog Trojstva. Svetla je bilo dovoljno da ljudi presude koliko su trezni, plate račun ili odluče da računanje ostave za kasnije, pa da nestanu u pomračini iza bara. Ujka Herb ne bi me nikad potapšao po ramenu ili mi razbarušio zalizanu kosu. On bi obično utonuo kraj majke, i dalje se ovlaš klanjajući na aplauze, pa bi onda pružio ruku, mehanički kao kad je majka vadila cigaretu iz kutije, i brzo bi palcem prešao preko mojih zglavaka, kao da proverava klavijaturu. Ni da mu je grom udario iz prstiju ne bi bilo tako – hteo je da budem pijanista.

*

Od tog smo plana morali da odustanemo u mojoj trinaestoj godini. Možda u stvari i nismo morali, ali upravo tada sam našao zgodan izgovor da napustim pomisao na to. Jednog kišovitog dana, dok je majka ulazila u krivinu, auto je naleteo na telefonski stub. Vetrobran se rasprsnuo u komadiće; slomio sam zglob i iščašio rame. Majka nije bila povređena, ali je, kad je zvala Herba na posao, postala tako histerična da su joj u stanici hitne pomoći morali dati injekciju za smirenje pre nego što je Herb došao po nas.

Mislim da se ona posle te nezgode sasvim promenila. Kad se prisetim svega, shvatim da je tada sve počelo da se menja, iako bi moje odrastanje i njena sve jača mržnja prema poslu koji je radila ionako doveli do promena. Moja majka počinjala je da se ljuti na Herba bez ikakavog razloga, a prema meni je pokazivala takvu brigu da me je to gušilo. Odjednom sam nju počeo da smatram odgovornom za sve, i uspevao sam da bolje od bilo kog ludaka sve dobre stvari pretvaram u odvratne. Pet višanja koje sam dobijao u koka-koli postale su nepoželjni otpaci – bio sam uveren da je majka tražila od konobarice da bude izuzetno ljubazna. Dim iz njenih cigareta terao me je na kašalj. Bio sam ubeđen da želi

103

da me otruje još mnogo pre nego što ju je lekar opomenuo da je pušenje opasno. Kad me je vodila na terapiju, pogrešno sam protumačio njene dobre namere i bio sam uveren da se potajno naslađuje mojim mukama. Zglob je krivo zarastao, i ponovo je morao u gips. Majka je bez prestanka plakala. Za pomoć u domaćim zadacima obraćao sam se Herbu. Ona je popustila, i on je počeo da me vozi kud god je bilo potrebno.

Kad sam ja postao nepoverljiv prema majci, ona je postala nepoverljiva prema Herbu. Slušao sam raspravljanja u vezi s redosledom muzičkih numera. Govorila mu je da mora na kraju svirati življe melodije. Mislila je da je osvetljenje i suviše teatralno. On je počeo da svira i završava s programom u neodređenom srebrnastom svetlu. Posmatrao sam školjke na ribarskoj mreži, ne hajući za to što ona zna da se ne unosim u Herbovo sviranje. Ona je tonula dublje u separe i pažnja joj je lutala: nije više brižljivo ispuštala dim u pauzama između dva stiha, nije više vrhom prsta dodirivala ivicu stola. Jedne subotnje večeri prestali smo tamo da odlazimo.

U to vreme, postala je službenik za kredite u banci „Rigz". Herb je promenio firmu i sada je bio zadužen za održavanje travnjaka i odeljenje za aktivnosti u slobodnom vremenu – brinuo se za sve od izletničkih stolova do električnih baštenskih makaza. Ona je na trpezu iznosila gotova jela. Žalila se da nemamo dovoljno novca, a za posao je kupovala skupe cipele s visokim potpeticama. Sredom uveče, Herb je igrao rukomet sa prijateljima, bivšim muzičarima koji su iznenada prelazili na činovničke poslove kako bi ishranili svoje sve brojnije porodice. Kad se vraćao kući, govorio je, s nevericom ili zbunjenošću, da je Sel koji je nekad svirao u jednom latinoameričkom bendu dobio blizance, ili da je Erl prodao bubnjeve i kupio neki skup roštilj. Ona je čitala romane o Periju Mejsnu. On je čitao članke o Drugom svetskom ratu: vrteo je glavom i govorio da oni otvaraju prostor za nove procene vremena u kojem živimo.

*

Sve do svoje četrnaeste godine nisam imao prijatelja, onog pravog. Te godine je meni srodna duša bio dečko po imenu Rudji Anderson, koji je delio moju strast za fudbal i otkrio mi *Plejboj*. Rekao mi je da kupim kopačke za broj veće i da im u vrh uguram čarapu, kako bih mogao jako da šutnem loptu, tako da ona poleti uvis. Obojica smo patili zbog saznanja da moraš *izgledati* kao Kenedi da bi *bio* Kenedi. Rudjijeva majka bila je ratna udovica, a moja je muža izgubila šest godina nakon završetka rata, sticajem otkačenih okolnosti: neki moler na visokoj skeli okliznuo se i tresnuo na zemlju, a dok je padao, ispustio je kantu sa bojom, koja je pala mom ocu na glavu i usmrtila ga. Moler je svake godine revnosno slao majci čestitku za Božić kojom ju je obaveštavao o svom sporom oporavku i izvinjavao se za očevu smrt. Ujka Herb je upoznao moju majku u kapeli, gde je njegova majka, pošto je preminula od leukemije, ležala nedaleko od tela mog oca. Kad su ih jednom, kasno noću, isterali odatle, otišli su zajedno na kafu.

Ponovo su se videli tek nakon godinu dana, kad je on potražio njen broj u telefonskom imeniku, koji je još uvek stajao pod imenom mog oca. Tada sam i ja bio s njima, i kupili su mi kesicu pomfrita. Igrao sam se kauboja, kružeći sa zamišljenim lasom oko klupe na kojoj su sedeli. Naišli smo na neki vašar. Pošto je u pitanju bio centar Vašingtona, nije to bio pravi vašar već malo šetalište puno pasa koji su skakali kroz užarene obruče i klovnova na koturaljakama. Majka i Herb stekli su uverenje da je neko namerno priredio to veselje samo za njih dvoje, kao onu predstavu iz *Sna letnje noći*.

Ja, naravno, nisam imao pojma o tome kako treba tumačiti svet nekog određenog dana. Ustaljene šeme u mom životu bile su to što sam živeo s majkom koja je svake noći plakala, to što svakog dana mogu da gledam samo po dve emisije na televiziji, to što moram na spavanje ranije nego što bih želeo i što noćna lampa gori.

Sigurno sam onoga dana kad su majka i Herb sedeli na klupi osetio da će se sve promeniti, jer sam dvoje ljudi kojima je bilo suđeno da budu zajedno upisao u zamišljeni krug lasom. Otada pa nadalje, bili smo trio.

*

Uselio se kao podstanar. Živeo je u sobi koja je nekad služila kao trpezarija, a koju majka i ja nikad nismo koristili, pošto smo jeli gotova jela. Sećam se kako je vešao zavesu preko tavanice – ukucao je podupirače, podigao šipku, na nju navukao zavesu od brokata koju je majka sašila i onda je namestio. Njih dvoje kikotali su se iza zavese. Onda su je povlačili napred i nazad, kao da proveravaju hoće li zaista funkcionisati. To me podsećalo na jednu igračku koju sam imao kad sam bio mali – na tablu s komadom drveta koje se pomicalo napred i nazad, pokazujući najpre sunce, pa onda mesec.

Naravno, kasno noću obmanu su sprovodili u delo. On bi samo odmakao zavesu i prešao u njen krevet. Čudi me što mi to nisu jednostavno rekli, jer ja bih pristao na sve. Otac, ujak, bog na nebu, Miki, Paja, Šilja – nije mi bilo posve jasno kako se ko od njih zaista ponaša. Verovao sam svojim očima. Kad se vratim u prošle dane, mogu samo da pretpostavim da se nisu toliko pribojavali onog što bih ja mogao pomisliti, koliko šta bi drugi mogli misliti, pa nisu bili voljni da me upliću u svoju zaveru. Jednostavno, nisu nameravali da otvore karte sve dok ja nisam banuo u njenu sobu. Oni su samo čekali na mene. Bilo je izvesno da ću kad-tad zabasati u njihov svet.

„Tajna o ujka Herbu neće preći preko praga ove kuće“, rekla je majka dan pošto sam ih zatekao zajedno. Bila je prilično bleda. Stajali smo u kuhinji. Pratio sam je – ne zato što sam je mnogo voleo ili joj verovao, već zato što sam već bio siguran u Herba. Siguran stoga što čak ni da mi je namignuo ne bi mi mogao bolje objasniti to luckasto lupanje vratima. Ona je bila u bež spavaćici i

·iza nje je na noćnom stočiću sijalo svetlo. Njena senka na podu imala je oblik jezerceta. Da bar mogu reći da sam je pitao što me je lagala, ali ne bih se usudio, siguran sam. Zamislite samo moje iznenađenje kad mi je ipak rekla: „Ti ne znaš kako je to kad nekoga izgubiš zauvek. Spreman si na sve, spreman čak i da lažeš ljude koje voliš, ako pomisliš da možeš povratiti makar samo jedan odlomak toga. Ti ne znaš šta je to *odlomak*. To znači malo parče. To označava nešto što je razbijeno u komade."

Znao sam da govori o gubitku. Cele nedelje morila me briga da ptica slomljenog krila koju sam imao u školi nikada više neće moći da poleti, nego da će doveka skakutati u kartonskoj kutiji. Ali moja majka imala je na umu onu kantu farbe – želela je da je promašila očevu glavu i otplovila u večnost.

Gledali smo dole, u smeđu senku. Prostirala se pred njom i preda mnom. A bilo je, naravno, i iza nas.

*

Mnogo godina docnije, onoga dana kad me je Herb poveo na „čašicu razgovora", prilično dugo smo se vozili bez cilja. Onog trenutka kad je Herb došao na pravu zamisao, gotovo da sam i ja to osetio; zaokrenuo je preko okretnice i krenuo ka aveniji Pensilvanija. Bila je subota, a subotom je „Veseli mornar" radio samo s večeri, no on je imao svoj ključ, pa smo se parkirali, ušli unutra i upalili svetlo. Nije to bilo ono nejasno osvetljenje koje je pratilo njegov nastup, već jako neonsko svetlo. Herb je otišao do šanka i nasuo sebi piće. Otvorio je limenku koka-kole i pružio mi je. Onda je rekao da nas napušta. Rekao je da ni sam ne može da poveruje u to. Onda je iznebuha počeo da mi preporučuje da slušam originalne snimke Bili Holidej, da pažljivo gledam Vermerova platna, da otvorim i oči i uši. Da verujem kako ono što nekima izgleda kao najgluplje mesto na svetu, pronicljivom čoveku može biti trenutna zamena za raj.

Bio sam tinejdžer, bio sam suviše unezveren da bih plakao. Samo sam sedeo na barskoj stolici i posmatrao ga. Tog dana ni on ni ja nismo mogli znati kakav će biti moj život. Verovatno je pomislio da će mi toliko trenutaka nesreće nauditi za sva vremena. Sudeći po onome što smo obojica znali, on je zamenjivao oca potencijalnom maloletnom delinkventu, ili čak promašenom čoveku – do toga je mogla dovesti igra pretvaranja u kojoj su on i moja mati uzeli učešća. Usuo je još jedno piće i tužno odmahnuo glavom. Tek kasnije sam otkrio da ga je moja majka zamolila da ode, a toga dana nije mi ni palo na pamet da ga pitam zašto me napušta.

Pre nego što smo izašli iz restorana, rekao mi je da me voli, isto kao one noći kad sam ga zatekao golog u majčinoj sobi. Isto tako, posavetovao me je kako da stvorim sopstveni svet.

On je bio taj ko je gazdi predložio da okači mreže na zidove. Najpre su njih dvojica naslikali okean – bio je svetlo plav, sa više sjaja nego boje na dnu, a sve se činilo većim nego što je bilo na zemlji. Onda se boja postepeno menjala, mešala sa zracima svetlosti i predmeti su poprimali svoje prave dimenzije. Herb je na jednom zidu dodao fosforescentne boje. Nanosio ju je na zid malo-pomalo, nežno i brižljivo. Bio je sjajan slikar- -naivac, iako oni koji su sedeli ispod dela njegovih ruku nikad neće umeti da ga primete. Oni koji su sedeli blizu mogli su krajičkom oka videti njegov odsjaj. Sa onog mesta u sali gde smo majka i ja sedeli, najsvetlija senčenja nisu se mogla dobro videti, jer su bila i suviše suptilna i predaleko. Fosforni sjaj nikad mi nije zapeo za oko dok su mi misli lutale daleko od zvukova klavira ili kad sam žmirkao od dima.

Morske zvezde kupili su na tuce u jednoj radnji u Kineskoj četvrti. Školjke ja oslikala jedna žena iz predgrađa, iz Arlingtona; od njih je pravila ogrlice koje je prodavala na crkvenim vašarima, sve dok potražnja nije presahla i u modu ušao makrame. Tada je školjke prodala vlasniku restorana, a on ih je sa rasprodaje u njenom dvorištu odneo u dvema aluminijumskim kantama, mnogo godina pre nego što je i mogao sanjati da će otvoriti restoran. Pre nego što smo onoga dana izašli iz „Veselog mornara", nije bilo stvari u vezi s njegovim nastankom da je ja nisam znao.

*

Petnaest godina kasnije, moja verenica i ja odvezli smo se do kuće Herbove rođake da uzmemo neke stvari koje je njoj ostavio na čuvanje za slučaj da mu se nešto desi. Njegova rođaka bila je niska, ne mnogo privlačna žena koja se bavila dizanjem tegova. Trpezariju je preuredila u teretanu, u kojoj je imala i „nautilus", mašinu za veslanje i utege. Živela je sama, tako da nije imala zarad koga da navlači zavese. Nije imala dece, pa nije morala da se pretvara.

Poslužila nas je ledenim čajem s velikim kriškama limuna. Iznela je preliv od avokada i tortilju. Telefonirala mi je nekoliko dana ranije i obavestila me da je Herb umro od srčanog udara. Rekla je da mi je Herb ostavio nešto novca u testamentu, iako bi mi nakon nekog vremena stiglo službeno obaveštenje o tome. Zamolio ju je da mi preda jednu veliku fasciklu. Dala mi ju je, a ja sam bio tako radoznao da sam je odmah otvorio, tu na verandi jedne mišićave žene po imenu Frensis, u Kold Spring Arboru, u državi Njujork.

Unutra su bile note: šest pesama Bili Holidej koje sam odmah prepoznao – njima je Herb najviše voleo da završi poslednji blok sviranja. Bilo je tu nekoliko majčinih poruka koje bi se verovatno mogle nazvati ljubavnim pismima. Na podmetaču iz „Veselog mornara", umrljanom od hrane, video se crtež višnje s peteljkom i šareni ram iscrtan olovkom oko nje – sećao sam se kao kroz maglu da je Herb to nacrtao jedne noći. Bio je tu i koverat sa dve fotografije: na jednoj su bili vojnici iz Guama, na drugoj lepi mladić koji je ravnodušno posmatrao usnulu bebu. Istog trenutka kad sam je video znao sam da je to moj otac.

Bio sam očaran, ali što sam je duže gledao, čovek se činio sve dalji i sve bezbrižniji, i sve mi je bilo jasnije da je Herb želeo da vidim očevu fotografiju zato što je hteo da vidim koliko se on razlikovao od njega. Kad sam na poleđini očeve slike video natpis „Guam", malo mi je nedostajalo da se osmehnem. To nikako nije mogao biti rukopis moje majke. Bio je Herbov, iako je pisao nagnutim slovima kako bi oponašao njen rukopis. Kakva slatka osveta, verovatno je pomislio – ostaviti me u uverenju da mi je mati bila toliko zauzeta i rasejana da ni dve važne fotografije nije umela da obeleži kako valja.

Moja majka umrla je pre mnogo godina, od upale pluća. Moja tadašnja devojka rekla mi je, i to ljubazno, da sam sada tako tužan zbog majčine smrti, ali da je jedna od prednosti proticanja vremena svakako i to što će prošlost zaista postati prošlost. Reči će postati varljive. Ljudi će delovati samo kao kukavne duše koje se bore da daju sve od sebe. Slike će izbledeti.

*

Ali ne i slika zida, oslikanog tako da liči na okean. Tu nije imala pravo. Herb je okean naslikao tačno kako izgleda. Otkrio sam to kasnije, kad sam ronio i prvi put video podvodni svet sa svim njegovim sablasnim žarištima prejakog osvetljenja i treperavim nepravilnostima. Koliko je samo izazova i utehe u pružanju mogućnosti ljudima da se iz dubine popnu na površinu tako što će se verati po divnim belim mrežama, džinovskim lestvama s kojih niko nikada ne bi mogao da padne.

Dok sam na verandi kod Frensis zurio u očevu fotografiju, video sam ga na nekom tropskom ostrvu kao mladića čiji je najbliži prijatelj dugajlija koga nakon što se rat završi nikad više neće videti. Bio je heroj. Stavio se u službu svoje otadžbine. Mogao se naživeti pošto je napustio Guam. Ipak, ništa se nije dešavalo u skladu s njegovim očekivanjima. Dete koje je ostavio za sobom podigao je neki drugi čovek, premda je tačno da je svojoj ženi doveka nedostajao i da mu je ona ostala verna na neki čudan način – tako što se nikad nije preudala. Međutim, što sam duže gledao fotografiju, sve mi je teže bilo da ga zamislim kao heroja. Bio je običan čovek u romantičnom okružju – tužni mladi vojnik na tropskom ostrvu koje će ubrzo postati zaboravljena zemlja. Pošto se rat okončao, živeo je svoj život, život koji je bio prekratak, a nakon njegove tragedije, živi se nikada nisu potpuno oporavili.

Sigurno je i Herb mislio da moj otac nije heroj. Mora da je to mislio dok je raštrkanim slovima ispisivao kratke, zamenjene nazive na fotografijama koje zapravo nisu bile nikakva ostavština.

Dok sam u Kold Spring Arboru vraćao fotografije u koverat, shvatio sam da već dugo niko nije izustio ni reč. Frensis je vrtela čašu, zveckajući kockama leda. Jedva nas je poznavala. Uskoro ćemo otići. Samo kratka vožnja do grada, i ona će nas ipratiti, znajući da je razrešena svoje odgovornosti time što mi je uručila ono što je Herb rekao da je moje.

DRUGO PITANJE

Bili smo u bolnici „Biošopgejt", u ordinaciji za transfuziju koja se nalazila na kraju hodnika: petkom ujutru pacijenti su primali krv ili lekove koji se uzimaju intravenozno, kako bi mogli da odu kući za vikend. Bio je februar, a sneg napolju poprimio je sivu boju peska, nalik na prljavi malter. Ned i ja stajali smo kraj prozora, tik do stola na rasklapanje prepunog poslastica – bilo je tu uštipaka, sitnih kolača, pite, čokoladnih štanglica, keksa. Plastični noževi i viljuške bili su složeni na gomile ili nemarno pobacani između papirnih tanjirića. Ned je bacio pogled na sto i uzeo uštipak. Ričard je spavao na stolici, spuštene brade, dišući na usta. Uvek bi usnuo pola sata nakon početka transfuzije. Malo ko je spavao. Visoki čovek riđe kose, po svoj prilici pedesetogodišnjak, upravo je saznao od medicinske sestre da će verovatno ostati bez kose. „Srećo moja, ne zaboravi da i Tina Tarner nosi periku", rekla je.

Napolju su vejale sve krupnije pahuljice nalik na zgužvane papirne maramice bačene u smeće. Upravo isti onaj prizor od kog sam pobegla kad sam otišla do prozora – prizor bolničarke koja je jednoj mladoj ženi pridržavala maramicu da izduva nos. Žena je u isto vreme slinila i povraćala, ali je odbijala da ispusti aluminijumsku posudu koju je grčevito stezala palčevima. „Duni u maramicu, srećo", ponavljala je bolničarka, nimalo ne obraćajući pažnju na pozu koju je zauzela njena koleginica i njenu odličnu imitaciju Tine Tarner. Ni ja je nisam slušala, ali stih „Prekršiću sva pravila" nije mi izlazio iz glave.

Ričard je umirao od side. Ned, njegov bivši ljubavnik i dugogodišnji poslovni saradnik, shvatio je da u opisu njegovog posla više ne spada čitanje scenarija, vođenje korespondencije, telefoniranje, nego pripremanje neprskanog povrća u posebnom ekspres-loncu i na pari od lekovite vode, vodeći računa o ravnomernoj zastupljenosti jin i jang namirnica. Pre nekoliko meseci, dok klasična terapija nije prekinuta kako bi Ričard uzeo učešća u eksperimentalnom vanbolničkom tretmanu u „Bišopgejtu", Ned je uvek spavao do kasno. Ionako nije mogao telefonirati na Zapadnu obalu pre dva popodne, ili jedan, ukoliko je imao kućni broj nekog glumca ili režiserov telefonski broj u kolima; radno vreme svih ljudi s kojima su Ričard i Ned sarađivali trajalo je non-
-stop, i uvek smo se šalili na račun moje nezaposlenosti
– nisam imala stalno radno mesto, a i kad sam radila, plaćali su mi nepristojno mnogo. Ned me je često zadirkivao s nekom oštrinom u glasu, zato što je bio pomalo ljubomoran na nenadano prisustvo treće osobe u Ričardovom stanu. Ričard i ja upoznali smo se u Njujorku, kod jednog jeftinog frizera na Osmoj aveniji, gde smo sedeli jedno do drugog. On je pomislio da sam ja glumica iz komada koji je prethodne večeri gledao u nekom nekomercijalnom pozorištu. To nisam bila ja, ali taj komad sam bila gledala. U razgovoru smo otkrili da često idemo u iste restorane u Čelsiju. Isto tako, činilo mi se da ga odnekud poznajem. To je bio početak naših dugogodišnjih međususedskih odnosa – Njujorčanima je daleko važnije da imaju suseda nego ljudima iz provincije. Istog dana kad smo se upoznali, Ričard me je odveo njegovoj kući da se istuširam.

Te godine moj gazda iz zapadne Dvadeset sedme ulice nije hajao za to što u mom stanu na poslednjem spratu gotovo nikad nema tople vode. Pošto sam upoznala Ričarda prešlo mi je u naviku da u trenerci otrčim do njegovog stana, tri ulice levo, jedna pravo. Ričardov gazda, koji je stanovao na drugom spratu, nije mogao dovoljno da mu se oduži za to što ga je upoznavao sa filmskim zvezdama i pozivao na projekcije. Siktao je od besa što moram da trpim takvo zlostavljanje. Ričard je kuvao nes kafu za nas troje, i kleo se da ovaj od kofeina postaje seksualno agresivan; posle kafe, on je trčkarao po zgradi, obavljajući sitne popravke. A sada, u ovoj blještavoj ordinaciji, nisam mogla poverovati da sam koliko pre nekoliko meseci sedela u Ričardovoj niši za obedovanje, među telefonima i isečcima iz „Verajatija" koji su bili razbacani na središnjem delu velikog stola za ručavanje; pijuckala sam koktel, a moje ruke u belim rukavicama sklapale su se oko ugodne topline šolje za kafu u boji neona. Rukavice su omogućavale da losion natapa kožu što je duže moguće. Zarađujem za život tako što reklamiram ruke. Svake noći utrljavam mešavinu maslinovog ulja, vlažne kreme i tečnog vitamina E. Ričard me je prozvao Rak, skraćeno od „rakun". Beli zavoji na mojim šapicama štite od ogrebotina, lomljenja noktiju, ispucale kože. Ma kakav biznis – svi znaju da se u Njujorku bogatstvo zarađuje na čudne načine.

Odvratila sam pogled od snežne oluje. Sa iskošenog televizora na potpornom zidu iznad nas je bleštalo narandžasto lice Fila Donahjua. Balansirao je između agresivnosti i neverice dok je neki trgovac automobilima izlagao svoju životnu filozofiju. Heti, najljubaznija bolničarka na odeljenju, zastala je kraj mene razgledajući mnoštvo kolača na stolu kao nedoigranu partiju šaha. Na kraju se mašila plastičnog noža, prepolovila čokoladnu štanglicu i otišla i ne pogledavši sneg.

Putujući svakog vikenda do Bostona i nazad konačno sam shvatila da nikada neću zavoleti taj grad. Ruku na srce, nisam ni imala prilike da ga doživim kao nečiju oazu sreće. Ned i ja išli smo putem od stana, koji smo tog meseca iznajmili, do bolnice. Jednom ili dvaput odlazila sam taksijem do prodavnice makrobiotičke hrane, a jedne noći nas dvoje smo otišli na piće i u bisokop, neodgovorni kao bebisiterke iz košmarnih snova svake brižne majke. Za to vreme Ričard je spavao omamljen tabletama, a na njegovom noćnom ormariću sijala je lampa u obliku morske zvezde koju je Heti donela sa Bermuda, gde je bila na svadbenom putovanju. Dok smo sedeli u baru, Ned me je upitao šta bih učinila kad bi se vreme moglo zaustaviti: Ričardu ne bi bilo ni bolje ni gore, a svi ovi dani koje smo proživeli, sa svim krizama, okolišenjima, morbidnim šalama, zbunjenošću, iznenađenjima, prividnim poznavanjem medicine, jednostavno bi ostali takvi kakvi su. Baš kao i zima, sneg koji povremeno pada, vetrovi koji šibaju, zubato sunce koje je bilo podnošljivo samo kroz zaštitni sloj zavesa. Nisam nikada bila sklona takvom razmišljanju, ali Ned se hranio spekulacijama. Zapravo, on je pre mnogo godina studirao poeziju na Stanfordu i tada je napisao ciklus pesama pod naslovom „Šta bi bilo kad bi bilo". Kad je Ričard jednom prilikom bio u Kaliforniji, odgovarao je na pitanja nakon projekcije filma čiji je producent bio, i nenadano se našao pred iskušenjem u liku studenta koji mu je postavljao zamršena i retorična pitanja. Narednih petnaest godina, njih dvojica bili su ljubavnici, neprijatelji i, napokon, najbolji prijatelji i poslovni saradnici. Iz Stanforda su prešli u Njujork, iz Njujorka u London, da bi se sa Hempsted Hita vratili u zapadnu Dvadeset i osmu ulicu; povremeno su odlazili u Arubu na kockanje i u Aspen na slikanje za božićne praznike.

„Prekršio si pravila", rekla sam. „Zabranjeno je pitati šta bi bilo kad bi bilo."

„Kad bismo izašli napolje, a tamo cveće cveta i auto sa spuštenim krovom čeka na nas, pa se onda odvezemo na Ostrvo šljiva", nastavi on. „Mesec se ogleda u vodi. Na nebu Velika kola. Pomisli samo. Dočaraj sebi taj prizor i tvoja negativna energija pretvoriće se u korisnu, isceliteljsku."

„Postoji li to Ostrvo šljiva, ili si ga ti izmislio?"

„To je čuveno mesto. Tamo je plaža po imenu Banana Bič. Uveče u šljiviku svira orkestar."

„To ostrvo zaista postoji", reče čovek koji je sedeo pored mene. „Tamo kod Njuberija. Leti tamo ima mnogo otrovnog bršljana, pa morate pripaziti. Jednom mi je dospeo u pluća zato što je neki krelac njegovo lišće koristio za potpalu. Bio sam dve nedelje u bolnici, i olakšali su me za hiljadu dolara."

Ned i ja pogledasmo u njega.

„Ja častim", reče on. „Upravo sam uštedeo pregršt dolara. Odseo sam u hotelu u kom je cena pansiona ravna temperaturi vazduha na prvi dan boravka. Kakav mamac. Imam veliki krevet, bar i onaj tuš što može da se podesi tako da mlazevi vode budu tanki kao igla, i sve to staje šesnaest dolara. Jeftinije mi je tamo nego da grejem kuću."

„Odakle ste?", upita Ned.

„Houp Veli, Rod Ajlend", reče čovek, pružajući ruku preko mene da se rukuje s Nedom. „Ja sam Harvi Milgrim", klimnu on meni. „Rezervni kapetan američke armije."

„Harvi", kazao je Ned. „Ne bih rekao da okidaš na tipove poput mene. Ja sam homoseksualac."

Čovek me pogleda. I sama sam bila iznenađena; nije nimalo ličilo na Neda da o tome razgovara sa nepoznatima. Nas dvoje spojio je sticaj okolnosti; sudbina nas je gurnula u neverovatnu vezu. Ni on ni ja nismo mogli zamisliti život bez Ričarda. Ričard je bio blizak sa jako malo ljudi, i to samo onda kad je to bilo preko potrebno.

„On se zeza", rekla sam. Učinilo mi se da je najlakše to reći.

„Nezgodna šala", reče Harvil Milgrim.

„Očajan je zato što ga napuštam", rekla sam.

„E pa, ja ne bih prenagljivao", reče Harvi. „Ja ću pivo, a vi?"

Barmen je prišao onog trenutka kad smo prešli na priču o alkoholu.

„Čist stoli", reče Ned.

„Votku s tonikom", rekoh.

„Ja ću ipak 'džim bim' ", reče Harvi. Napravio je munjevit pokret rukom kao da trese kockice. „Led posebno."

„Harvi“, reče Ned, „moj svet se raspada. Moj bivši ljubavnik je i moj šef, a broj njegovih krvnih zrnaca toliko je opao da više nema šansi da preživi. Terapija u „Bišopgejtu“ poslednja mu je nada. On je vampir koji se pojavljuje svakog petka popodne. Daju mu krv da bi imao snage da i dalje učestvuje u eksperimentu kao kućni bolesnik. I znaš koja vajda od toga? Zamisli ga kao reli vozača. On je u vođstvu. Dovikne da mu uspu benzin, a posada u areni samo mu pošalje poljubac. Ostali automobili šibaju kraj njega. On zaurla, jer ti momci dužni su da mu napune rezervoar, ali oni su izgleda šiznuli. Samo mu šalju poljupce.“

Harvi baci pogled na Nedovu šaku, na prste raširene kao lepeza i prostor između njih u obliku slova V. Onda je Ned polako skupio prste, prineo ih donjoj usni i poljubio nokte.

Barmen spusti pića na sto – prvo, drugo, treće. Izvadio je nekoliko kockica leda u čašu koju je stavio kraj Harvijeve čaše sa burbonom. Harvi se namrštio i bez reči gledao čas jednu, čas drugu čašu. Onda je otpio gutljaj pića, podigao drugu čašu, izvadio kocku leda i polako je isisao. Više nas nijednom nije pogledao, niti nam se obratio.

*

Naredne noći kod Ričarda je nastupila hiperventilacija. Za tren oka njegova pidžama bila je natopljena znojem, i počeo je da cvokoće. To se desilo oko četiri sata ujutru. Držao se za ram od vrata, stopala ukopanih u pod, a telo mu se povijalo kao da skija na vodi. Ned se sav omamljen izvukao iz vreće za spavanje podno Ričardovih nogu. Ja sam ležala na razvučenom kauču u dnevnoj sobi, budeći se i na najmanji šum. Pre spavanja otišla sam u kuhinju da pijem vode i ispod frižidera istrčao je miš. Trgla sam se, a onda su mi pošle suze. Kad bi Ričard znao da ima miševa u stanu, da upravo oni zagađuju prostor koji je on pročišćavao jonizatorima i klima-uređajima koji su po sobi raspršivali kapljice mineralne vode, rešio bi da se odselimo. Pomisao na pakovanje gomile knjiga o zdravlju, brošura o meditaciji, nebrojenih tegli s vitaminima, mineralima i integralnim zrnevljem, božjeg oka koje je visilo iznad peći, citata iz knjige Bernija Zigela koje je Ned morao da prepisuje i lepi na frižider... Selili smo se već dvaput, oba puta bez pravog razloga. Valjda ne bi mogao tek tako da iskrsne povod za novu selidbu, je l' da? I kuda bismo uopšte i mogli otići? On je bio i suviše bolestan da bi boravio u hotelu, a ja sam znala da u blizini bolnice nećemo naći drugi stan. Morali bismo ga ubediti da je taj miš plod njegove fantazije. Rekli bismo da mu se priviđa, ubeđivali bismo ga isto onako kao kad smo mu strpljivo objašnjavali da se ništa užasno ne događa, da je sve to samo sanjao. Ne, ti nisi u avionu koji se srušio u džungli; nikakav te beton nije zatrpao, ti si samo umotan u čaršav.

Kad sam ušla u spavaću sobu, Ned je pokušavao da Ričardove prste odvoji od vrata. Nije uspevao u tome, i pogledao me je s dobro poznatim izrazom lica: strah, potcrtan jakim umorom.

Ričardov kućni ogrtač klizio je s njegovih koščatih ramena. Bio je toliko mokar da sam isprva pomislila da je možda bio pod tušem. Gledao je prema meni, ali me nije primećivao. Pripio se uz Neda, koji ga je polako poveo ka krevetu.

„Hladno je", reče Ričard. „Zašto ne radi grejanje?"

„Odvrnuli smo termostat do kraja", izusti Ned iscrpljeno. „Samo treba dobro da se pokriješ."

„Je li ono Heti?"

„To sam ja", rekoh. „Ned će te staviti da spavaš."

„Rak", reče Ričard ravnodušno. „Je li to moj krevet?" obratio se Nedu.

„To je tvoj krevet", reče Ned. „Zgrejaćeš se kad legneš".

Prišla sam Ričardu i potapšala ga po leđima; onda sam zaobišla krevet, sela na ivicu i pokušala da ga umirim. Ned je rekao istinu – u stanu je bilo ludački vruće. Ustala sam, podigla ćebad i zategla čaršav. Ned je i dalje držao Ričarda za ruku, ali se okrenuo da ga pogleda kad je zakoračio prema krevetu. Nemo smo pokazivali svoje zadovoljstvo udobnošću kreveta. Ričard mu je prilazio, oblizujući usne.

„Doneću ti vode", rekla sam.

„Voda", prozbori Ričard. „Mislio sam da smo na brodu. Od kupatila sam pomislio da je kabina bez prozora. Ne mogu da budem u sobi iz koje se ne vidi nebo."

Ned je rastresao Ričardove jastuke. Onda je pesnicom udario po postelji. „Svi na palubu, jebivetri", rekao je.

Usiljeno sam se nasmejala i otišla u kuhinju, a Ričard je ubrzanim šapatom počeo da prepričava napad klaustrofobije koji ga je zadesio u kupatilu. Napokon je ipak legao i istog trenutka utonuo u san. Pola sata docnije, dok zora još nije bila zarudela, Ned mi je prepričavao šta mu je Ričard šaputao, kao da se radilo o njemu samom. Premda smo bili dva potpuno različita sveta, zbližilo nas je umeće uživljavanja u Ričardove patnje. Sedeli smo na drvenim stolicama koje smo izneli iz trpezarije i primakli prozoru kako bi Ned mogao da puši. Dim iz njegove cigarete izvijao se kroz prozor.

„Jesi li ikad bila u Mardi Grasu?" upitao je.

„Jesam u Nju Orleansu, ali u Mardi Grasu nikada."

„Tamo niske perli koriste za trampu", rekao je. „U Francuskom kvartu ljudi – i žene, i muškarci – stoje na balkonima i vrištanjem izazivaju ljude na ulici: ako ih popaljuješ, oni ti bacaju svoje ogrlice. Što se bolje pokažeš, dobijaš više ogrlica. Onda se šepuriš naokolo sa svim tim đerdanima na sebi i svi znaju da si pravi frajer. Pravi mangup. Ako ih dobro napališ, možeš smuvati fine dečkiće – hoću reći, muškarce – a transvestiti svi zvižde i bacaju ti ogrlice. Svi žele da dobiju one najduže. To je isto kao da si dobio dijamantski prsten." Još malo je odškrinuo prozor da bi mogao da ugasi cigaretu. Ćušnuo ju je prstom i ona je pala na zemlju. Onda je samo pritvorio prozor, ne zatvorivši ga skroz. Ovo nije bila samo još jedna od Nedovih bajki – bila sam sigurna da je govorio istinu. Mislila sam ponekad da Ned neke priče priča samo da bi mi zagolicao znatiželju ili da bi me u izvesnom smislu ponizio – da bi me podsetio da sam ja normalna, a on homoseksualac.

„Znaš li šta sam jednom prilikom uradila?" upitah iznebuha, rešena da jednom i ja pokušam njega da zaprepastim. „Onda kad sam se zabavljala sa Harijem? Jedne večeri bili smo u njegovom stanu – njegova žena bila je u Izraelu – i dok je on spremao večeru, ja sam prebirala po njenoj kutiji za nakit. Tamo je bila i biserna ogrlica. Nisam uspela da je otkopčam i napokon sam shvatila da samo treba da je pažljivo navučem preko glave. Kad me je Hari pozvao, ležala sam na tepihu, u mrklom mraku, potpuno naga, ruku položenih kraj tela. Napokon je dojurio za mnom. Upalio je svetlo, ugledao me i počeo da se smeje, a onda se ustremio na mene. Ogrlica je pukla. Pridigao se i upitao 'Šta sam to uradio?' a ja sam rekla 'Hari, to je ogrlica tvoje žene'. Nije ni znao da je ima. Mora da je ona nikad nije nosila. Onda je počeo da psuje i puzi unaokolo, skupljajući bisere, a ja sam pomislila 'A ne, ako će je već ponovo nanizati, mogu da učinim da bar ne bude iste dužine'."

Ned i ja okrenuli smo se i ugledali Ričarda u uredno zategnutom kućnom ogrtaču, sa dokolenicama i zalizanom kosom.

„Otkud ti, Ričarde?" upita Ned, ne uspevajući da sakrije iznenađenje.

„Osećam li ja to duvanski dim?" upita Ričard.

„Dolazi odozdo", rekoh dok sam zatvarala prozor.

„Nismo te ogovarali", reče Ned. U glasu mu se osećao oprez pomešan sa ljubaznošću.

„Nisam rekao da jeste", reče Ričard. Pogledao me je. „Mogu li da vam se pridružim?"

„Pričam mu o Hariju", rekla sam. „Onu priču o biserima." Činilo se da se sve više i više oslanjamo na priče.

„On mi se nikada nije dopadao", reče Ričard i mahnu Nedu. „Odškrini prozor, molim te. Ovde je jako vruće."

„Ti znaš tu priču", obratih se Ričardu, želeći da ga po svaku cenu uključim u razgovor. „Ispričaj Nedu ono glavno."

Ričard pogleda Neda. „Ona je progutala bisere", reče. „Pojela ih je što je više mogla, pazeći da on ne primeti."

Želela sam da ona nikada ne uspe da stavi oglicu preko glave ako to pokuša", rekla sam. „Htela sam da zna da se nešto dogodilo."

Ričard blago odmahnu glavom – taj mali pokret govorio je da u meni vidi darovito i nestašno dete, koje nikad nije imao.

„Jednom, kad sam bio na letovnju sa Sandersom u Portoriku, smuvao sam se s nekim tipom", poče Ned. „Otišli smo na neko veliko imanje gde je živeo njegov gazda, ali taj tip je nešto čuo. On kreće uza stepenice, ja utrčavam u plakar..."

„Igrao je fudbal u koledžu", reče Ričard.

Osmehnula sam se; tu priču već sam znala. Ned ju je ispričao jednom davno, na nekoj žurci, kad je bio pijan. Bila je to jedna od njegovih omiljenih pričica, zato što ga je predstavljala kao promućurnog i divljeg, a i zato što je uhvaćen na delu. Njegove se dogodovštine nisu mnogo razlikovale od onih koje su mi poveravali moji drugovi s koledža, a koje su se ticale izlazaka i seksualnih osvajanja, i bile nedorečene kako bi poštedele moju preosetljivost.

„Zgrabio sam prvo što mi je došlo pod ruku – samo jedan svežanj odeće – i kako je tip ušao u sobu, tako sam ja otvorio vrata i iskočio", pričao je Ned. „Zalaufam se onako go golcat, i eto belaja: sudarim se s njim i oborim ga. Kao u crtaću. Znam da se onesvestio, ali suviše sam prestravljen da bih normalno razmišljao, pa trčim i dalje. Ispostavi se da sam zgrabio neku belu plisiranu košulju i nešto kao... kako se zovu oni ogrtači što ih nose Japanci? Onako do pola butina, bože, pomozi mi..."

„I zbog toga on uzima Boga u usta", reče Ričard.

Ned skače na noge, sve živahniji. „Sve je baš kao u crtaću. Čak ima i pas u dvorištu koji me pojuri, ali je vezan. Kad se lanac zategnuo, samo se propeo i iskezio, ali dalje nije mogao. I tako ti ja tu stojim, na milimetar od psa oblačim košulju, zavezujem onaj ogrtač oko sebe. Odlazim do kapije, pritiskam kvaku, i nakon pola milje hoda nađem se pred nekim hotelom. Uđem, odem do toaleta da se sredim, i tek tada primetim da sam razbio nos."

Iako priču već znam, sad prvi put čujem da je Ned razbio nos. Na trenutak izgleda da je izgubio nit priče, kao da se i sam od nje umorio, ali onda živne i nastavi:

„I opet moja luda sreća: izađem, i ispostavi se da je tip na recepciji peškir. Kažem mu da mi se desio maler i zamolim ga da telefonira mom prijatelju u hotel, jer nemam ni za žeton. I tako on potraži broj hotela, nazove i pruži mi slušalicu. Dobijem Sandersa koji spava čvrstim snom, ali odmah grabi slušalicu i zaurla 'Opet smo zujali s nekim lepojkovićem? Odjednom je fajront, i Ned je shvatio da mu je novčanik ostao u hotelu. Je l' ti stvarno misliš da ću doći po tebe samo zato što ti i taj tvoj nemate da platite?'"

Širom otvorenih očiju. Ned se okrenuo najpre meni, a onda Ričardu, kao da nastupa pred punom salom. „Dok je on besneo, imao sam dovoljno vremena da razmislim. 'Čekaj malo, Sander', rekao sam,'Znači, ništa mi nisu uzeli? Znači, ostavio sam novčanik u hotelu?'" Ned utonu u stolicu. „Da ne poveruješ. Taj vražji novčanik ostavio sam u sobi i samo je trebalo da se pred Sandersom pretvaram da su me napali i opljačkali, da su me tamo neki kučkini sinovi skinuli do gola i pobegli s mojim gaćama. Onda sam mu rekao da mi je momak iz hotela dao kimono." Pucnuo je prstima. „Tako se zove. Kimono."

„Nije pitao otkud baš kimono"? reče Ričard umorno, prelazeći rukom preko neobrijane brade. Sedeo je na kauču podvijenih nogu.

„Naravno da jeste. A ja sam mu rekao da u tom hotelu ima restoran s japanskim specijalitetima, i da, ako želiš, možeš dobiti kimono i sedeti na podu kao Japanac. Hotelski poslužitelj je kao izjavio da neće propasti sbog jednog kimona."

„I on je poverovao?" upita Ričard.

„Sander? Pa on je odrastao u Los Anđelesu, a ostatak života proveo u Njujprku. Znao je da se svemu mora verovati. Vratio me je u hotel govoreći da je baš dobro što se taj šljam koji me je napao nije dokopao mog novca. Sunce se rađa, mi se vozimo u iznajmljenom automobilu, a on me drži za ruku." Ned zakači palčeve jedan za drugi. „Sander i ja ponovo ortaci."

Zavlada tišina, a prostor oko nas kao da se smanjivao. Sander je umro 1985.

„Počinje da mi biva hladno", reče Ričard. „Hladnoća se uvlači u mene kao da mi neko ledom trlja leđa."

Ustala sam i sela kraj njega, zagrlivši ga. Masirala sam ga po leđima.

„Opet ta prokleta beba", reče on. „Ako im je ovo prvo dete, kladim se da drugog neće ni biti."

Ned i ja se pogledasmo. Izuzev povremenog šištanja pare u radijatorima, čulo se samo brujanje frižidera.

„Rak, šta je to s tvojim šapicama?" upita Ričard.

Pogledam u svoje ruke, u palčeve koji masiraju mišiće ispod njegovih ramena. Prvi put otkad znam za sebe zaboravila sam da namažem ruke i stavim rukavice pre spavanja. Isto tako, potpuno nesvesno sam činila ono od čega sam se još pre mnogo godina odvikla. U mom ugovoru o osiguranju stajalo je da ne smem na ovaj način kopristiti ruke; ne smem uzimati nož, ne smem prati posuđe, nameštati krevete, glancati nameštaj. Ali ja sam i dalje palčevima masirala Ričardova leđa, trljajući ih. Čak i nakon što je Ned prebacio debelo ćebe preko Ričardovih drhtavih ramena, nastavila sam da pružam otpor njegovoj bezizlaznoj nedoumici tako što sam snažno pritiskala koštane pregibe njegove kičme.

„Suludo je mrzeti bebu zato što plače", reče Ričard, „ali ja zaista mrzim tu bebu."

Ned je raširio ćebe preko Ričardovih kolena i umotao mu noge. Seo je na pod i rukama obujmio njegove zašuškane cevanice. „Ričarde", prošaputa, „ne postoji nikakva beba. Pročešljali smo celu zgradu, sprat po sprat, da bismo ti udovoljili. Mora da to zujanje u ušima kad ti padne pritisak zvuči kao dečji plač."

„Dobro", reče Ričard, drhteći sve više. „Beba ne postoji. Hvala ti što si mi to rekao. Obećao si da ćeš mi uvek govoriti istinu."

Ned podiže pogled. „Zar očekuješ istinu od tipa koji ti je upravo ispričao onu portorikansku priču?"

„Ili možda čuješ šum cevi", rekoh. „Ponekad se čuje buka iz radijatora."

Ričard nevoljno klimnu glavom, kao da se složio sa mnom. Ali nije čuo šta sam rekla. Ned i ja otkrili smo nešto o samrtnicima: njihov um brži je od reči, ali bol je ipak najbrži, džinovskim koracima hrli napred.

*

Nakon dva dana Ričard je dopremljen u bolnicu s visokom temperaturom i pao je u komu iz koje se više nije probudio. Te je večeri njegov brat doleteo u Boston da bude kraj njega. Njegov kumić Džeri takođe je došao, stigavši baš na vreme da sedne u taksi zajedno s nama. Eksperimentalna terapija nije pomogla. Naravno, nije bilo načina da saznamo (niti ćemo to ikad znati) da li je Ričard dobijao taj lek dugačkog imena koji smo prozvali „ono pravo", ili je samo bio član kontrolne grupe. Isto tako nismo znali ni da li je sveštenik iz Hartforda dobijao „ono pravo", iako se među nama šuškalo da je njegovo rumeno lice dobar znak. A mladi veterinar koji bi uvek rekao nešto ohrabrujuće kad bismo se sreli u ordinaciji za transfuziju? Baš kao i Klark Kent koji je slo-

124

vo S krio ispod košulje, veterinar je nosio majicu sa fotografijom na kojoj je grlio svog škotskog ovčara, snimljenu na dan kad je pas dobio lentu. Rekao mi je da je oblači svakog petka, jer mu donosi sreću kad sedi na odeljenju za onkologiju i prima intravenozne lekove, što mu ponekad da dovoljno snage da uveče ode s prijateljem u neki restoran.

Nedu i meni, iscrpljenima od još jednog bdenja, dobro je došlo prisustvo Ričardovog brata i kumića kao izgovor da izađemo iz bolnice i odemo na kafu. Osetila sam vrtoglavicu i zamolila Neda da me sačeka u predvorju dok odem u toalet. Mislila sam da će me umivanje hladnom vodom možda osvežiti.

U toaletu su bile dve mlade devojke. Iz njihovog razgovora razabrala sam da su sestre i da su upravo bile u poseti majci koja leži na odeljenju za onkologiju. Trebalo je da njihovi mladići dođu po njih, i u vazduhu se osećalo uzbuđenje dok je jedna od sestara tapirala kosu a druga skidala poderane čarape i povlačila naviše suknju koja joj je dopirala do kolena kako bi od nje napravila najkraći mogući minić. „Požuri, Mer", reče sestra koja je stajala pred ogledalom, iako ni sama nije žurila s češljanjem. Mer se maši svoje torbice za šminku i izvadi odatle neku kutijicu. Otvorila ju je i brzo četkicom zastrugala po posudi sa bojom. I onda, na moje veliko čuđenje, poče da maže kolena rumenilom. Dok sam se umivala i brisala, mlaz laka za kosu zamaglio je vazduh. Devojka je pred ogledalom mahala rukama, da bi potom vratila sprej u torbu, izvadila ruž i rastavila usne. Kako se Mer ispravila nakon poslednjeg zamaha po kolenima, gurnula je sestru, i ona je ružem prešla peko ivice gornje usne.

„O, Bože! Gaduro jedna!" zareža devojka. „Vidiš šta sam uradila zbog tebe."

„Čekam te kod kola", dobaci joj sestra, zgrabivši ruž i trpajući ga u torbicu za šminku. Spustila ju je u tašnu i odskakutala doviknuvši: „Skinućeš to sapunom i vodom!"

„Kakva kučka", rekoh, više sebi nego devojci.

„Majka nam umire, a nju baš briga", reče devojka. Oči joj se napuniše suzama.

„Daj da to popravimo", rekoh, osećajući još veću ošamućenost nego kad sam ušla. Činilo mi se da hodam u snu.

Devojka se okrenula prema meni; ispod očiju je imala mrlje od maskare u obliku polumeseca, nos joj se crveneo, a jedna strana usne bila je viša od druge. U njenom pogledu videla sam da sam samo slučajni prolaznik. Isto tako slučajno zatekla sam se kod Ričarda onog dana kad je namršten izašao iz kupatila sa zavrnutim rukavom košulje i upitao: „Šta misliš, od čega mi je izašao ovaj osip na ruci?"

„Dobro mi je", reče devojka, otirući suze. „Nemojte se uznemiravati."

„Ne bih rekla da je nju baš briga", rekoh. „Kad dođu u bolnicu, ljudi se unervoze. Ja sam došla da se umijem zato što mi se zavrtelo u glavi."

„Je li vam sad bolje?" upitala je.

„Jeste", odgovorila sam.

„Ne umiremo mi", rekla je.

Bio je bestelesan glas koji je dopirao iz nekog dalekog, neznanog sveta i toliko me je uznemirio da sam osetila potrebu da je zagrlim za trenutak. To sam i učinila – prislonila sam čelo uz njenu glavu, provukla svoje prste kroz njene i stegnula ih pre no što sam izašla.

Ned je bio izašao napolje i stajao je naslonjen na uličnu svetiljku. Pokazao je užarenim vrhom cigarete na desnu stranu, nemo me pitajući želim li da odemo u obližnji kafe-bar. Klimnuh glavom i zakoračismo napred.

„Mislim da nećemo još dugo ići ovim putem", reče on. „Doktor više ništa ne govori kad izađe iz sobe. Ponestalo mu je optimističkih izjava. Uzeo mi je cigaretu iz ruke, zgazio je i rekao da ne bi trebalo da pušim. Nisam baš nešto lud za doktorima, ali ovaj mi se nekako dopada. Ko bi pomislio da ću se ikad popaliti za tipa koji nosi cipele s resama."

Bilo je jako hladno. U kafeu nas je, dok smo išli ka našim uobičajenim mestima za šankom, zapahnuo vreo vazduh grejalice iznad vrata. I samo saznanje da više nismo u bolnici činilo je ovo mesto prijatnim, iako je bolnica bila samo dve ulice odavde. Ovamo su dolazili pojedini doktori i bolničarke, i, naravno, ljudi poput nas – prijatelji i rođaci pacijenata. Kad je konobarica upitala želimo li kafu, Ned je klimnuo glavom.

„Zima u Bostonu", reče Ned. „Nisam znao da išta može biti gore od zime u mom rodnom gradu, ali čini mi se da je ovde najgore."

„Gde si se ti rodio?"

„U Kerniju, u Nebraski. Kad kreneš autoputem, na pola puta između Linkolna i granice s Vajomingom."

„I kako je bilo u Nebraski?"

„Ševio sam se sa dečkima", reče on.

Ili je rekao prvo što mu je palo na pamet, ili je samo hteo da me nasmeje.

„Znaš li ti šta pederi pitaju jedan drugog?"

Odmahnuh glavom, napeto iščekujući vic.

„Sada drugo pitanje glasi 'Jesi li bio na testiranju?' Ali prvo pitanje oduvek je bilo 'Kako si znao?'"

„Dobro", rekoh. „Odgovori mi na drugo pitanje."

„Nisam", reče, gledajući me pravo u oči. „To se meni ne može dogoditi."

„Uozbilji se", rekoh. „To nije nikakav odgovor."

Stavio je svoju ruku preko moje. „Šta misliš, kako sam se iščupao iz Kernija u Nebraski?" upita. „Da, dobio sam stipendiju za fudbalere, ali morao sam da stopiram do Kalifornije. Pre toga nisam išao dalje od Vajominga. Svu svoju imovinu nosio sam u jednoj putnoj torbi, i stopirao sam. Misliš da nisam znao da sam jeftino prošao ako bi mi neki kamiondžija stavio ruku na koleno? Jer mene je pratila sreća. Oduvek sam to znao. Isto kao što je sreća htela da ti imaš tako lepe ruke.

Mene sreća oduvek prati, a i tebe sreća prati. Treba čvrsto verovati u to."

Sklonio je ruku i ugledala sam je – savršeno oblikovana šaka, glatka koža, tanki prsti. Na zglobu jednog prsta bila je mala crna mrlja. Liznula sam srednji prst druge ruke da vidim mogu li je odstraniti nežnim trljanjem. Ta mrlja od maskare koja mora da je tu dospela sa ruku devojke u toaletu kad su nam se prsti nežno spleli u nespretnom zagrljaju. Sve ovo vreme dok smo Ned i ja sedeli i pričali ja sam gledala u tu devojku. Nalazila se u istom kafeu: videla sam kad su dve sestre ušle sa svojim mladićima. Kosa joj je bila uredno začešljana, oči sjajne a šminka besprekorna. Iako se druga sestra trudila da privuče pažnju dvojice mladića, obojica su upijali svaku njenu reč.

EKSPERIMENTALNI REALIZAM EN BITI

Američka književnost postmodernog doba poznaje toliko različitih estetskih principa da svrstati nekog od njenih stvaralaca u postmoderniste gotovo da više i ne predstavlja nikakvo formalno određenje. Tokom poslednjih trideset godina, ona se služi bezmalo svim vrstama narativnih i stilskih strategija – smelim eksperimentisanjem sa formom, konvencijama tradicionalne proze, fantastikom, realizmom. Postmodernizam je stvorio i mamutske romane Džona Barta i oskudnu minimalističku prozu Rejmonda Karvera, i enciklopedijska dela složene strukture, zasićena asocijacijama iz istorije, mita, nauke i masovne kulture, i kratku, ogoljenu prozu koja se ne udaljuje od malih misterija svakodnevnog života. Međutim, i pored stilske raznorodnosti, postmodernističku književnost karakteriše ista atmosfera zbunjenosti i nesnalaženja u svetu koji autor doživljava kao nešto nestabilno i nepredvidivo, što se teško da „zamrznuti" u prozni izraz.

Neki američki teoretičari kao početak ere postmodernizma književnosti navode datum atentata na Kenedija – 22. novembar 1963. Taj dan simbolički označava kraj optimizma i naivnosti u američkoj kolektivnoj svesti, što se na umetnost odrazilo traumatičnim pomacima i dezorijentacijom. Snažana intelektualna previranja usled masovnog pokreta za građanska prava i reakcije na rat u Vijetnamu rezultirala su begom u umetnost od haotične stvarnosti. Beg je pokušan na više načina: pomoću pokušaja da se književno delo pretvori u besprekornu višeslojnu strukturu, nekakav paralelni svet, kao što su činili Tomas Pinčon i Džon Bart, razobličavanjem geneze književnog dela, njegovih mehanizama i funkcija, poput Vilijema Gesa; ili, pak,

tako što književno delo postaje ogledalo entropije i raspar-
čanosti spoljašnjeg sveta (Vilijam Barouz, Keti Aker).
Postmoderni način pisanja karakteriše igrivost, osve-
šćenost, sklonost eksperimentu i samoosmišljavanju; iako
se prividno ignorišu istorijske, društvene i političke teme,
njihov impuls u stvaranju je nezaobilazan. Posle eksperi-
mentalnog radikalizma koji je obeležio šezdesete i sedam-
desete, na scenu tokom osamdesetih stupa sinteza eksperi-
menta i tradicionalnih književnih obeležja. Revolucionar-
nost jednog perioda biva zamenjena ironičnim preispitiva-
njem njegovih postignuća i povratkom konzervativnih
pogleda na literaturu. Nakon 1975. godine, uočljiva je poja-
va novog estetskog senzibiliteta koji je mnogo bliži eksper-
imentalnom realizmu s realnošću. Inovacije u formi i izrazu
ne odbacuju se, ali se u delu realizuju na drugačiji način, jer
se pisci vraćaju starim, proverenim narativnim strategijama.
Javlja se potreba za stvaranjem reprezentativnih uzoraka
nove realističke proze u kojoj se eksperimentalna struktura
utapa u građu do neprepoznatljivosti, a dominiraju modi-
fikovane konvencije tradicionalne proze. Tako paranoični
paralelizam svetova kod Tomasa Pinčona ustupa mesto
sivoj, anksioznoj svakodnevici u prozi Rejmonda Karvera i
Frederika Bartelmija, a razuđenost pripovedanja i razboko-
renost jezika kod Džona Barta škrtim, telegrafskim svedo-
čanstvima nove minimalističke proze. Umesto kompliko-
vanog zapleta i čitavih galerija likova, sada se favorizuje
nedovršenost priče, svedenost, ili potpuno odsustvo radnje i
karaktera. Kao da se na scenu u potpunosti vraća hem-
ingvejski princip „brižljivo kontrolisanog minimuma".

*

En Biti (Ann Beattie, 1947) spada u najplodnije i naj-
bolje stvaraoce novog eksperimentalnog realizma, koji bi se
mogao nazvati drugim talasom postmodernizma. Napisala
je pet zbirki priča: *Izobličenja* (1976), *Tajne i iznenađenja*
(1978), *Kuća u plamenu* (1979), *Tamo gde me budeš našao*
(1986), *Ono što beše moje* (1991), i četiri romana: *Studeni
zimski prizori* (1976), *Uklapanje* (1980), *S ljubavlju* (1986),
Slikajući Vila (1989). Počela je da objavljuje 1974. u

časopisu „Njujorker". Njen prepoznatljivi realistički stil, prožet finom ironijom i nostalgijom, nije se tokom godina mnogo menjao. En Biti u svom delu udružuje realističku formu tradicionalne proze i cinični pogled na svet karakterističan za eksperimentalnu prozu, a teme preuzima iz svakodnevnog životnog miljea svoje generacije. Bitijeva se predstavlja kao glasnogovornik tzv. *baby-boom* generacije, emotivno osiromašene, otuđene i nesređene, gotovo u potpunosti nesposobne da se suoči sa životom i prilagodi svojoj okolini. Njena proza prepuna je blaziranih Njujorčana, o čijim tugama, zadovoljstvima i strahovima govori sa puno ironičnog uživljavanja. Junaci En Biti naoko smireno pokušavaju da se suoče sa svim tajnama i inenađenjima koja im život donosi, ali se na koncu pokazuju potpuno nespremni za promene, rizike i žrtve koji se moraju podneti zarad sticanja unutrašnjeg mira. U priči *Nauk padanja*, Rut i njena neimenovana prijateljica pokušavaju da održe privid duševnog sklada na sasvim različite načine, ali u svojim nastojanjima obe nesvesno zloupotrebljavaju Rutinog mentalno zaostalog sina. Džejn iz pripovetke *Plejbek* i Andrea iz *Janusa* ne usuđuju se da pristanu na rizik nove ljubavi, već se radije odlučuju na *status quo* koji vodi letargiji i laganom emotivnom otupljivanju. Ravnodušnost se rađa iz svesti da su pokušaji radikalnih promena bezmalo uvek jalovi, što s filozofskim mirom prihvataju koketna Džozi iz priče *Kartice* i nesrećni roditelji iz priče *U beloj noći*. Junaci En Biti, bilo da je reč o razvedenim ženama, zrelim muškarcima koji preispituju svoje detinje uspomene ili bračnim drugovima koji pokušavaju da zanemare neverstvo ili uzajamnu netrpeljivost, uvek biraju sopstveni, već poznat, pakao, beže od porodice, nacije ili svog oružja, i zbog sebičnih motiva za otuđenje od sveta bivaju osuđeni na bolnu i zbunjujuću samoću.

I sama svesna razarajućeg egoizma u delanju i ponašanju svojih junaka, En Biti se trudi da se ne ogreši ni o subjektivnu snagu njihovog bola ni o njegovu objektivnu nebitnost. Njen ton uvek je negde između sentimentalnosti i ironije, tragedije i groteske, a ritmičnost njenog fragmentarnog izkaza otkriva istrzanost njihovih misli i pritajenu histeriju. Da bi što bolje prikazala njihovu unutarnju prazninu, Bitijeva pribegava onome što njeni kritičari nazivaju

„efekat nedostajanja" – govoru fragmenta, verbalnom tvrdičluku, nedorečenosti.

Iako smo, iz mnogo razloga, skloni da njenu prozu svrstamo u realističku, treba imati na umu da se radi o posebnoj vrsti realizma. En Biti je realista koliko i Rejmond Karver – dosledno postmodernističkoj maksimi „manje je više", oni realističke konvencije pripovedanja svode na nezamisliv minimum. Tako u prozi Bitijeve nedostaju centralna tema, karakterizacija likova i vremenska perspektiva, dakle bitna obeležja tradicionalnog kanona, premda su njen jezik i tematika naoko striktno realistički. Nikad nismo u prilici da njene junake vidimo u objektivnom svetlu, niti da o njima čujemo komentare ostalih protagonista – jedini izvor naše spoznaje o njima jeste ispovest njih samih ili svedočenje drugih, i jedno i drugo izvitopereno i nepouzdano, uvek svedeno na subjektivno obojene opaske ili irelevantne detalje. Tradicionalnu naraciju zamenjuje ekspozicija, registrovanje proizvoljno uzetih momenata iz života lika, dok se opisi zamenjuju epifanijskim fokusiranjem bitnih detalja, kao u priči *Gravitacija*. Ravan pripovedanja uvek je sadašnji trenutak, u kome se sažimaju karakter i sudbina junaka.

Kritičari u prozi En Biti prepoznaju uticaje vodećih evropskih i američkih prozaista, kao što su Henri Džejms, Džejn Ostin, Džon Apdajk, ali bi, s obzirom na stil i tematiku njenih priča, možda bilo bliže istini pozvati se na Hemingveja i Šervuda Andersona: izraz En Biti je jezgrovit, gotovo lišen slikovitosti, uvek više računa na čitaočevu intuiciju nego na imaginaciju, više daje znake nego što dočarava slike.

O umetničkim dometima i sugestivnosti njene proze možda najbolje govori laskava izjava Ričarda Forda, izrečena povodom zbirke *Tamo gde me budeš našao* – „ovo je muzika naših sfera urezana na mikročipove".

Vladislava Gordić

SADRŽAJ

En Biti
ONO ŠTO BEŠE MOJE

✳

Izdavačko preduzeće
RAD
Beograd, Moše Pijade 12

✳

Glavni urednik
JOVICA AĆIN

✳

Za izdavača
ZORAN VUČIĆ

✳

Tehnički urednik
DUŠAN VUJIĆ

✳

Nacrt za korice
JANKO KRAJŠEK

Realizacija
ALJOŠA LAZOVIĆ

✳

Korektor
MILADIN ĆULAFIĆ

✳

Priprema teksta
Grafički studio RAD

✳

Štampa
ZUHRA , Beograd

CIP – Каталогизација у публикацији
Народна библиотека Србије, Београд

820 (73) – 32

БИТИ, Ен

    Ono što beše moje : izabrane priče / En Biti ; [iz-
bor, prevod i pogovor Vladislava Gordić]. – Beograd :
Rad, 1994 (Beograd : „Zuhra“). – 177 str. ; 19 cm. –
(Reč i misao ; knj. 445)

Eksperimentalni realizam En Biti: str. 129 – 132

820 (73).09
a) Biti, En (1947 –)
ID=30327564

ISBN 86-09-00349-3

Italo Zvevo
NESLANA ŠALA

REČ I MISAO
KNJIGA 565

Urednik
JOVICA AĆIN

S italijanskog prevela
ELIZABET VASILJEVIĆ

ITALO ZVEVO

NESLANA ŠALA

Roman

IZDAVAČKO PREDUZEĆE „RAD"
BEOGRAD

Izvornik

Italo Zvevo
Una Burla Riuscita
1926

I

Mario Samilji je bio čovek od pera, gotovo šezdese-togodišnjak. Roman koji je objavio pre četrdeset leta, mogao bi se smatrati mrtvim kad bi na ovom svetu umele da umiru stvari koje nikada nisu bile žive. Ubledeo i pomalo smalaksao, Mario je, ipak, dugi niz godina nastavio da živi jednim smirenim životom zahvaljujući bednom poslu koji mu nije zadavao prevelike muke niti mu je donosio veliku zaradu. Takav život je zdrav, a postaje još zdraviji ako je, kao u Mariovom slučaju, začinjen ponekim lepim snom. U tim godinama, on je i dalje smatrao da je predodređen za slavu, ne zbog onoga što je uradio niti zbog onoga što se nadao da može da uradi, već onako, jer ga je strahovita tromost, ista ona koja ga je sputavala da se na bilo koji način pobuni protiv svog usuda, sprečavala da se upusti u naporan posao rušenja ubeđenja uobličenog u njegovoj glavi pre mnogo godina. Ali tako se na kraju pokazalo da i moć sudbine ima svoje granice. Život je Mariju slomio poneku kosku, ali su mu ostali nedirnuti najvažniji organi, samopoštovanje, a donekle i poštovanje prema drugima, od kojih svakako zavisi slava. Išao je kroz svoj tužni život uvek praćen nekim osećanjem zadovoljstva.

Malo je njih moglo naslutiti toliku uobraženost kod njega, jer ju je Mario krio s onom lukavošću, bezmalo nesvesnom kod sanjara, koja mu omogućava da svoj san zaštiti od sudara s najsurovijim stvarima ovoga sveta. Uprkos tome, njegov san bi se povremeno pomaljao, i tad bi onaj kome je bio drag štitio tu bezazlenu uobraženost, dok su se drugi, kad bi čuli kako Mario samouvereno sudi o živim i mrtvim piscima, a katkad čak citira sebe kao preteču, smejali, ali dobroćudno, videvši ga kako crveni kao što to ume i jedan šezdesetogodišnjak, kad je čovek od pera i još u takvoj situaciji. Uostalom, smeh je zdrav i lekovit. I tako je svima bilo dobro: Mariju, njegovim prijateljima, pa i njegovim neprijateljima.

Mario je vrlo malo pisao, štaviše, dugo ga ništa nije povezivalo s piscem osim olovke i uvek bele hartije, koje su spremne ležale na radnom stolu. Behu to njegove najsrećnije godine, tako pune snova i lišene bilo kakvog mukotrpnog iskustva, drugo po redu zablistalo detinjstvo poželjnije čak i od zrelog doba najuspešnijeg pisca koji ume da izbaci sebe na hartiju, pri čemu mu reč pre pomaže nego što ga sputava, a onda ostane poput prazne kore koja još veruje da je ukusno voće.

To vreme je moglo ostati srećno samo dok je trajao trud da se iz njega izađe. A kod Marija je taj trud, ne previše poletan, uvek postojao. Srećom, nije nalazio izlaz koji bi ga odveo daleko od te silne sreće. Napisati još jedan roman poput onog starog, nastalog iz divljenja prema osobama koje su daleko iznad njega po bogatstvu i položaju, a probuđenog uz pomoć teleskopa, bio je nemoguć poduhvat. On je i dalje voleo taj svoj roman jer je mogao da ga voli bez velike muke, i činilo mu se da je životan kao i sve stvari koje naizgled imaju i glavu i rep. Ali kad bi poželeo da se ponovo vrati tim ljudskim senkama, kako bi ih rečima preneo na hartiju, osetio bi neku spasonosnu odbojnost. Potpuna, premda nesvesna zrelost njegovih šezdeset leta nije mu dopuštala tako nešto. No nije pomišljao na to da opiše neki skromniji život, svoj, na primer, uzoran po kreposti, i tako postojan zbog one predanosti sudbini koja je njime upravljala, i kojom se nije razmetao niti o njoj pričao, toliko je već obeležila njegovo ja. Za to nažalost nije imao sredstvo pa ni osećanja, što je bio istinski nedostatak, ali čest kod onih kojima nije bilo dato da upoznaju neki uzvišeniji život. I on na kraju napusti čoveka i njegov život, i uzvišen i prizeman, ili bar poverova da ga je ostavio, i posveti se, ili bar poverova u to, životinjama, počevši da piše basne. Jako kratke, uštogljene, prave male mumije (ne leševi, jer nisu čak ni vonjale), dolazile su mu tako u trenucima dokolice. Onako nezreo (ne zbog poznih godina, jer uvek je bio takav) zaključi da su one početak, dobra vežba, usavršavanje, i oseti se mladim i srećnijim nego ikad.

Isprva, ponavljajući grešku iz mladosti, pisao je o životinjama o kojima je vrlo malo znao, i njegove basne su odjekivale od zavijanja i rike. Onda postade čovečniji, ako se tako može reći, počevši da piše o životinjama koje je mislio da poznaje. Tako mu je muva podarila pregršt basni pokazujući da je mnogo korisnije stvorenje nego što se misli. U jednoj od njih divio se brzini tog dvokrilca, sasvim beskorisnoj pošto mu nije služila ni da stigne plen ni da osigura svoju bezbednost. Naravoučenije je tu donela kornjača. Druga basna je veličala muvu koja uništava sve one nečiste stvari, njoj samoj toliko mile. Treća se čudom čudila kako muva, očima najobdarenije stvorenje, vidi tako slabo. Najzad, jedna je govorila o čoveku koji je, spljeskavši dosadnu muvu, uzviknuo: »Učinio sam ti uslugu; sad više nisi muva«. Tako je bilo lako svakodnevno imati gotovu basnu pre jutarnje kafe. Trebalo je da dođe rat da bi naučio da basna može postati izraz vlastitog duha, koji tako uvodi malu mumiju u mašineriju života, kao jedan od svojih organa. I evo kako se to zbilo.

Po izbijanju italijanskog rata, Mario je strahovao da će žrtva prvih progona koje carska austrougarska policija bude napravila u Trstu, biti baš on – jedan od malobrojnih ljudi od pera koji su ostali u gradu – i to na pravom pravcatom suđenju odakle će možda biti poslat na vešala. Obuzimao ga je užas al' istovremeno i nada, te je čas likovao a čas premirao od straha. On je zamišljao da bi njegove sudije, čitav jedan ratni savet sačinjen od predstavnika svih vojnih činova, od generala pa naniže, morale da pročitaju njegov roman, i – ako je za pravdu – da ga prouče. Onda bi, naravno, došao nešto tužniji trenutak. Ali, ako ratni savet ne bude sačinjen od varvara, postojala je nada da bi mu, posle čitanja romana, za nagradu, mogli poštedeti život. I tako je on za vreme rata pisao mnogo, drhteći od nade i od užasa čak i više od nekog pisca svesnog da postoji publika koja iščekuje njegovu reč da o njoj sudi. Ali je, iz predostrožnosti, pisao samo basne neodređenog značenja, te mu tako, između nade i straha, male mumije oživeše. Pa ne bi valjda ratni savet mogao tako lako da ga osudi zbog basne koja je govorila o onom velikom i snažnom gorostasu što se u nekoj močvari bori protiv životinja slabijih od sebe i gubi život, naravno pobedonosno, u blatu koje propada pod njegovom težinom. Ko bi mogao da dokaže da je bila reč o Nemačkoj? I zašto pomisliti na tu istu Nemačku u slučaju onog lava, koji je uvek pobeđivao, jer se nije previše udaljavao od svoje velike lepe jazbine, sve dok se nije otkrilo da je velika lepa jazbina pogodna da se u nju pusti dim i uspešno ga istera napolje?

Ali Mario se tako naviknu da kroz život stalno ide u društvu basni, kao da su džepovi njegovog odela: književni napredak koji je dugovao policiji, onoj istoj za koju se na kraju ispostavilo da uopšte nije upoznata s postojanjem domaće književnosti i koja je, tokom čitavog rata, ostavila jadnog Marija na miru, razočaranog i umirenog.

Zatim je došlo do još jednog manjeg pomaka u njegovom radu kada je počeo da bira primerenije likove. To više nisu bili slonovi, iz dalekih krajeva, niti muve s praznim, bezizražajnim očima, već dragi, majušni vrapci koje je on, dopustivši sebi taj luksuz (tih dana u Trstu veliki luksuz), hranio u svom dvorištu mrvicama hleba. Svakog dana provodio je neko vreme gledajući ih kako se kreću, i to je bio najblistaviji trenutak dana, jer je bio najknjiževniji, možda književniji od samih basni koje su se iz njega rađale. Poželeo je čak i da poljubi ono o čemu je pisao! Uveče, s obližnjih krovova i sa kržljavog drvceta u dvorištu, slušao je cvrkutanje vrabaca i razmišljao kako jedni drugima prepričavaju, pre nego što zavuku glavu pod krilo i prepuste se snu, dogodovštine proteklog dana. Ujutru, isto to ćeretanje, živahno i zvonko. Sigurno su prepričavali snove koje su tokom noći sanjali. Kao i on sâm, živeli su između dva iskustva, između stvarnog života i života u snovima. Bili su, napokon, stvorenja koja su imala glavu gde su se mogle gnezditi misli, i imali su boje, stavove, pa čak i neku nemoć koja budi samilost, i krila za pozavideti, dakle pravi pravcati život. Basna je, i pored toga, ostala mala mumija udrvenjena od aksioma i teorema, ali se bar mogla pisati uz osmeh.

I tako se Mariov život obogatio osmesima. Jednog dana je napisao:

„Moje dvorište je malo, ali bi uz nešto truda u njemu moglo da se potroši deset kilograma hleba dnevno." Pravi san dotičnog pesnika. Gde u to vreme naći deset kilograma hleba za ptičice koje nisu imale bonove s tačkicama. Drugog, pak: „Voleo bih da umem da okončam rat na malom divljem kestenu u mom dvorištu, s večeri, kad vrapci traže najudobnije mesto da tu provedu noć, jer bi to bio dobar znak za budućnost čovečanstva."

· Mario je sirote vrapce toliko pretrpao idejama da im je prekrio tanane udove. Brat Đulio koji je živeo s njim, i odlučno tvrdio da voli njegovo pisanje, nije umeo da ga voli dovoljno da bi ta ljubav obuhvatila i ptičice. Smatrao je da nemaju nikakav izraz. Ali Mario je objašnjavao da su one same izraz prirode, dopuna svim stvarima koje leže ili hodaju, budući da su iznad njih, kao akcenat na reči, pravi muzički znak.

Najradosniji izraz prirode: ptičice čak i ne preblede od straha niti je taj strah bedan kao kod čoveka, i to ne zato što ga prikriva perje, jer on je više nego očigledan ali ni na koji način ne menja njihovo otmeno telašce. Štaviše, nameće se pomisao da ga njihov maleni mozak nikad ne doživi. Upozorenje stiže preko čula vida ili sluha, i hitro prelazi neposredno na krila. Nije beznačajno: um lišen straha u biću koje beži! Neka od ptičica se trgla? Svi beže, ali tako kao da kažu: Evo zgodne prilike da se uplašimo. Ne znaju za oklevanje. Ništa ne košta pobeći kad već imate krila. I njihov let je pouzdan. Izbegavaju prepreke prolazeći tik uz njih, i prolećů kroz najgušći splet grana u krošnjama drveća a da se u njih nikada ne upletu niti se povrede. Razmišljaju tek kad se dovoljno udalje, i tad nastoje da shvate razlog bega, proučavajući mesta i stvari. Ljupko nakreću glavicu nalevo i nadesno, i strpljivo čekaju trenutak kad mogu da se vrate tamo odakle su pobegle. Ako bi postojao strah pri svakom njihovom begu, sve bi već bile mrtve. A Mario je sumnjao i da namerno sebi priređuju sva ta silna uzbuđenja. U stvari bi mogle sasvim mirno da kljucaju hleb koji im se poklanja, a oni umesto toga sklope svoje lukave okice i žive u uverenju da je svaki njihov zalogaj krađa. Upravo tako začinjavaju suvi hleb. Kao pravi lopovi, nikad ne jedu na mestu gde je hleb bačen, i tamo nikada nema svađe među njima jer bi bilo opasno. Prepirka oko mrvica počinje na mestu gde pobegnu.

Zahvaljujući tolikim otkrićima, s lakoćom je napisao basnu:

Jedan darežljiv čovek dugo godina je, redovno, svakog dana hranio ptičice hlebom, i živeo u uverenju da im je duša puna zahvalnosti prema njemu. Nije taj čovek umeo da posmatra: inače bi primetio da su ga ptičice smatrale za budalu od koje su, godinama, uspevale da kradu hleb, a da njemu pri tom nije pošlo za rukom da uhvati nijednu od njih.

Reklo bi se da je prosto nemoguće da čovek kao Mario, uvek raspoložen, uradi tako nešto, odnosno napiše ovu basnu. Znači li to da je on samo naizgled radostan? Prikrpiti toliko zloće i nepravde najradosnijem izrazu prirode! Bilo je to isto kao i uništiti ga. Ako se ja pitam, smisliti svu tu groznu nezahvalnost krilatih bića predstavlja tešku uvredu za čovečanstvo, jer ako tako govore ptičice koje ne umeju da govore, kako će se tek izražavati oni obdareni dugim jezikom?

A u dubini duše, njegove male mumije bile su tužne: za vreme rata, na ulicama Trsta proredio se prolazak konja koje su uz to hranili samo senom. Za-

11

to na ulici više nije bilo onih ukusnih nesvarenih se-
menki. Mario je zamišljao kako pita svoje male prija-
telje: „Očajavate li?“. A ptičice bi mu odgovorile:
„Ne, ali nas je manje“.

Nije li Mario možda hteo da se privikne da i sop-
stveni neuspeh u životu posmatra kao posledicu okol-
nosti koje ne zavise od njega, kako bi ga prihvatio bez
žaljenja? Basna ostaje vesela samo zato što se onaj ko
čita smeje. Smeje se toj zverci od ptičice koja ne zna
za očajanje, u čijoj je neposrednoj blizini živela izve-
sno vreme, jer nju samu nije pogodilo. Ali posle sme-
ha, razmišlja o bezosećajnosti prirode dok izvodi
svoje oglede, i onda pretrne.

Često je njegova basna bila posvećena razočaranju
koje prati sva ljudska dela. Kao da je želeo da se zbog
vlastite odsutnosti iz života uteši rečima: Dobro je
meni koji ništa ne činim, jer ne grešim.

*Jedan bogati gospodin toliko je voleo ptičice da
im je posvetio svoje prostrano ladanje gde niko
nije smeo da ih hvata pa čak ni da ih plaši. Sa-
gradio im je lepa topla skloništa za dugu zimu,
obilato snabdevena hranom. Posle nekog vreme-
na na prostranom ladanju nastani se veliki broj
grabljivica, mačaka pa čak i krupnih glodara,
koji napadoše ptičice. Bogati gospodin je pla-
kao, ali se nije izlečio od dobrote koja je nei-
zlečiva bolest, i on koji je hteo da ptičice budu
site, nije mogao da uskrati hranu malim sokolo-
vima i svim drugim životinjama.*

I ovo grubo i nespretno ismevanje ljudske dobrote,
i to je smislio onaj prijazni i nasmejani Mario. Tvrdio
je na sav glas da ljudska dobrota uspeva da samo na-
kratko održi život na nekom mestu gde ubrzo zatim po-
teku reke krvi, i zbog toga je izgleda bio zadovoljan.

Mariovi dani su, dakle, uvek bili radosni. Čovek bi čak mogao pomisliti da se sva njegova tuga gubi u tim jetkim basnama i da stoga ne uspeva da navuče senku na njegovo lice. Ali izgleda da svog tog zadovoljstva nije bilo i u njegovim noćima i snovima. Đulio, Mariov brat, spavao je u susednoj sobi. On je obično blaženo hrkao za vreme varenja, koje kod bolesnika od kostobolje može biti poremećeno, ali je barem pošteno. Međutim, kad nije spavao, do njega su dopirali neobični zvuci iz Mariove sobe: duboki uzdasi, kao od teške muke, a onda i pojedinačni, veoma glasni krici negodovanja. Ti glasni krici odjekivali su u noći, i nije ličilo da dolaze od čoveka veselog i pitomog kakvog smo mogli videti po danjoj svetlosti. Mario se nije sećao svojih snova i, zadovoljan zbog dubokog sna, mislio je da je u svom krevetu bar isto toliko srećan kao i tokom čitavog radnog dana. Kada mu je Đulio, zabrinut, rekao za taj neobičan način spavanja, on je pomislio da je to samo neki novi vid hrkanja. Međutim, s obzirom na postojanost pojave, neosporno je da su ti zvuci i ti krici bili iskreni izraz, kroz san, jedne duše koja se pati. Pomislio bi čovek da je reč o pojavi koja bi mogla da pobije savremenu i savršenu teoriju sna prema kojoj počinak u sebi navodno uvek nosi blaženost onog sna u kojem se želja ispunjava. Ali zar ne bismo mogli pomisliti i to da je pravi pesnikov san onaj koji on živi na javi, i da bi stoga Mario imao razloga da se smeje danju, a plače noću? Moguće je još jedno objašnjenje koje podržava ta ista teorija sna: da li bi u Mariovom slučaju želja mogla biti ispunjena u nesputanom iskazivanju njegovog bola. On bi tada, u svom noćnom snu, mogao da odbaci tešku masku koju je danju sebi nametao kako bi prikrio vlastitu uobraženost, i da uz uzdahe i krike objavi: Ja zaslužujem više, ja zaslužujem nešto drugo.

Rasterećenje koje takođe može da zaštiti njegov počinak.

Ujutru bi izašlo sunce i Đulio bi zaprepašćen shvatio da Mario misli da je čitavu noć, prepunu jecaja, proveo u društvu neke nove basne. Katkad sasvim bezazlene. Bila je pripremana već nekoliko dana: rat je u dvorište vrabaca uneo jednu veliku novinu - oskudicu, i siroti Mario je smislio način da ionako nedovoljna količina hleba traje što duže. S vremena na vreme bi se pojavio u dvorištu i podsticao nepoverenje kod vrabaca. Kad ne lete, oni su spora stvorenjca i treba im mnogo vremena da se oslobode nepoverenja. Njihova je duša poput male vage na čijem jednom tasu leži nepoverenje, a na drugom ješnost. Ova potonja stalno raste, ali ako se podstiče i nepoverenje, oni neće zagristi mamac. Istrajnim metodom mogli bismo ih naterati da i pored hleba pomru od gladi. Tužno iskustvo ako se ide do kraja. Ali, Mario je išao samo dotle dok može da se smeje a da zbog toga ne zaplače. Basna je ostala vesela (ptičica je doviknula čoveku: „Tvoj hleb bi bio ukusan samo kad tebe ne bi bilo.“) i zato što vrapci za vreme rata nisu smršali. Po ulicama Trsta je i tada bilo, u velikim količinama, splačina kojima se obično hrane.

II

Mariova uobraženost nije škodila nikome, i prirodno je bilo prihvatiti ga takvog. Đulio ju je tako lepo negovao da pred njim Mario ne bi pocrveneo čak ni kad bi primetio da je pokazuje. Štaviše, Đulio ju je tako lepo osećao da ju je prihvatao s većim razumevanjem nego sâm Mario. I on se, pred drugima, čuvao da pokaže svoju veru u bratovljev intelekt, ali bez velikog truda, tek toliko da se usaglasi s onim što je video da i sâm Mario radi. A Mario se smeškao na to bratovljevo obožavanje, ne znajući da ga je on sâm tome naučio.

Ali je uživao u tome, i soba gde je bolesnik provodio svoje vreme između kreveta i kanabeta bila je dragoceno mesto na ovom svetu jer je Mario tu nalazio mir koji je nazivao tišinom i duhovnošću, mada je to zapravo bilo nešto što su srećniji od njega nalazili na posebno bučnim mestima.

U toj sobi, punoj slave, nije bilo mnogo drugih stvari. Lagani sto za ručavanje koji se pomerao sa sredine sobe, gde su dva brata doručkovala, u mali kutak pored kreveta, gde su večerali. Od nedavna je u tu blagovaonicu prenesen Đuliov krevet. Tokom rata, ogrev je bio skup, a to je bila najtoplija soba u stanu, zbog čega je bolesnik, zimi, nije nikada napuštao. U dugim zimskim večerima, u toj sobi, pesnik je pomagao bolesniku od kostobolje, a bolesnik od kostobolje je tešio pesnika. Sličnost ovog odnosa sa odnosom hromog i slepog, očigledna je.

Nekim čudnim slučajem, dva starca koji su uvek bili siromašni, nisu se previše patili za vreme rata koji je bio veoma surov za sve Tršćane. Njihove neprilike umanjene su velikom naklonošću koju je Mario umeo da probudi kod jednog Slovenca iz okoline grada, a koja se ogledala u darovima u voću, jajima i pilićima. Iz ovog uspeha italijanskog književnika koji nikada nije ni imao druge, vidi se da naša književnost bolje prolazi u inostranstvu nego kod kuće. Šteta što Mario nije umeo da ceni taj uspeh jer bi mu inače koristio. Te darove je rado prihvatao i jeo, ali mu se činilo da je seljakova darežljivost bila posledica njegovog neznanja i da se uspeh postignut kod neznalica obično naziva prevarom. To ga je mučilo, i da bi održao dobro raspoloženje i apetit, pribegao je basni:

Jednoj ptičici behu dati komadići hleba preveliki za njen mali kljun. Ptičica je danima uporno obigravala oko plena, s prilično mršavim ishodom. Postade još gore kad se hleb stvrdnuo, jer je tad ptičica morala da odustane od datog joj okrepljenja. I odleprša, pomislivši: Neznanje dobročinitelja nesreća je za onoga kome se dobro čini.

Naravoučenije basne jedino je tačno odgovaralo slučaju sa seljakom. Nadahnuće je tako uspešno izmenilo sve ostalo da se seljak ne bi ni prepoznao, a to jeste bila glavna svrha basne. Dao je sebi oduška a nije povredio seljaka, baš kao što ovaj to nije ni zaslužio. I zato, ako obratimo pažnju, u basni ćemo otkriti izvestan nagoveštaj priznanja, premda ono nije iz dubine srca.

Dva brata su živela po strogim pravilima. Njihove navike nije poremetio ni rat koji je uzdrmao čitav svet. Đulio se godinama borio, i to uspešno, sa kostoboljom koja je bila pretnja njegovom srcu. Odlazeći na počinak veoma rano, i brojeći zalogaje koje je sebi dopuštao, starac bi, dobro raspoložen, rekao: „Voleo bih znati kome li ja to podvaljujem održavajući se ovako u životu, da l' životu ili smrti". Nije on bio nikakav učenjak, ali vidi se da svakodnevno ponavljanje iste radnje naposletku iz čoveka isčedi sav duh koji se iz njega može izvući. Stoga običnom čoveku nikad nije dovoljno preporuke za uredan život.

Zimi, Đulio je odlazio na počinak zajedno sa suncem, a leti mnogo pre njega. U toploj postelji njegove patnje bi uminule i on ju je svakog dana napuštao na nekoliko sati samo zbog saveta lekara. Večera se služila pored njegovog kreveta, i dva brata su obedovala zajedno. Bila je začinjena velikom ljubavlju, ljubavlju koja potiče još iz najranijeg detinjstva. Mario je za Đulija uvek bio dete, a Đulio za Marija stariji brat koji će umeti da ga posavetuje u svakoj prilici. Đulio nije primećivao koliko je Mario sve više ličio na njega, po obazrivosti i sporosti, kao da je i sâm patio od kostobolje, a Mario nije video da stariji brat više ne može da mu daje savete i da nikad ne bi rekao ništa što bi se kosilo s njegovom željom. A to je bilo na mestu: nije se radilo o davanju saveta ili upozorenjima; bila je potrebna podrška i ohrabrenje. To je bolesniku od kostobolje uspevalo lakše nego što bismo očekivali. I kad bi Mario okončao izlaganje o nekoj svojoj zamisli, nadi ili nameri, rečima: „Zar ti se ne čini?", Đuliju se zaista činilo i odobravao je ubeđeno. Iz tog razloga je za obojicu književnost bila nešto jako dobro, a njihova oskudna večera bila je još bolja, budući začinjena nežnom, sigurnom ljubavlju koja je izuzimala svako neslaganje.

Između dva brata ipak je postojalo malo neslaganje zbog onih blagoslovenih ptičica koje su odnosile jedan deo njihovog hleba. „Svim tim hlebom mogao bi spasti život nekoj hrišćanskoj duši,“ primetio je Đulio. A Mario: „Ali ja sam tim hlebom usrećio više od pedeset ptičica“. Đulio se složio odmah i zauvek.

Po završetku večere, Đulio je pokrivao glavu, uši i obraze noćnom kapicom, a Mario bi mu oko pola sata čitao neki roman. Na zvuk umilnog bratovljevog glasa, Đulio bi se umirio, njegovo iznureno srce bi uspostavilo ravnomerniji ritam, a njegova pluća su se lagano širila. San tada više nije bio daleko i, stvarno, disanje bi mu polako postalo sve glasnije. Mario bi zatim postepeno i ne prekidajući spuštao glas sve dok najzad ne bi utihnuo; a onda, pošto bi utulio svetlo, polagano bi se udaljio na vrhovima prstiju.

Književnost je, dakle, bila dobra i za Đulija; ali jedna njena forma, kritika, škodila mu je i narušavala zdravlje. Prečesto je Mario prekidao čitanje da bi sa žarom raspravljao o vrednosti romana koji je čitao. Njegova kritika bila je velika kritika nesrećnog autora. Upravo je ona bila njegov veliki počinak, samo naizgled poremećen, njegov najblistaviji san. Ali imala je tu manu da sprečava druge da spavaju. Iznenadno prolamanje glasa, zvuci prezira, rasprava s odsutnim sagovornicima, toliko različitih muzičkih insturmenata koji se smenjuju, i narušavaju san. Osim toga, Đulio je i iz učtivosti morao da vodi računa da ne zaspi, kad se od njega svaki čas tražilo mišljenje. Morao je da kaže: „I meni se čini“. Već se toliko bio navikao na te reči da je mogao da ih prevali preko usana i samim izdisajem. Ali onaj ko hrče ne može ni toliko.

Jedne večeri, lukavom bolesniku koji je izgledao tako nedužno u svojoj našušurenoj noćnoj kapici, pade na pamet genijalna ideja. Uznemirenim glasom (možda zato što se plašio da će biti raskrinkan) zamoli Marija da mu čita svoj roman. Mario oseti nalet vrele krvi u venama. „Ali već ti je poznat," pobuni se dok istom spremno otvori knjigu koja nikada nije bila daleko od njega. Ovaj drugi odgovori da ga već godinama nije čitao i da je baš osetio potrebu da ga ponovo čuje.

Mekim, krotkim, muzikalnim glasom, Mario poče da čita svoj roman *Jedna mladost*, uz živo odobravanje Đulija koji se lagano prepuštao počinku, mrmljajući: „Divno, veličanstveno, bajno," od čega je Mariov glas bivao sve topliji i ganutiji.

Beše to iznenađenje i za Marija. Nikada nije naglas čitao svoje delo. Kako je samo dobilo na izražajnosti tako oživljeno zvukom, ritmom, kao i naglašenim stankama i znalačkim ubrzavanjem. Muzičari – blago njima! – imaju izvođače koji ništa drugo ne rade osim što smišljaju kako da im podare ljupkost i delotvornost. Dok nestrpljivi čitalac čak ni ne promrmlja piščevu reč i ide od znaka do znaka poput kakvog okasnelog hodočasnika na ravnom drumu. „Kako sam dobro pisao!" pomisli Mario zadivljeno. Prozu drugih pisaca čitao je na sasvim drugačiji način i, u poređenju s njom, njegova je bila sjajna.

Posle samo nekoliko stranica Đulijevo disanje pređe u krkljanje: bio je to znak da su njegova pluća izvan kontrole njegove svesti. Povukavši se u svoju sobu, Mario još dobar deo noći nije mogao da se odvoji od romana koji je čitao naglas. Bilo je to pravo pravcato novo izdanje. Uzburkalo je sve oko sebe i doprlo do njega i do drugih preko uha, našeg najprisnijeg organa. I Mario oseti da mu se njegova misao vraća u novom, lepšem ruhu, i da stiže do njegovog srca novim putevima koje sama stvara. Ah, divne li nove nade!

A sledećeg dana nastade basna pod naslovom: *Nepredviđeni uspeh*. Evo je:

Jedan bogati gospodin imao je mnogo hleba i zabavljao se mrveći ga ptičicama. Ali od njegovog darivanja koristi je imalo tek desetak, pa i manje vrabaca, uvek istih, i dobar deo hleba bi se ubuđao od stajanja. Jadni gospodin je patio zbog toga, jer ništa nije tako mučno kao kad vidite da neko ne prihvata vaš dar. Ali utom ga pogodi nesreća i on se razbole, a ptičice koje više nisu zaticale mrvice hleba na koje su navikle, crvkutale su svuda unaokolo: „Nema više mrvica kojih je uvek bilo, to je nepravda, izdaja." I tad vrapci u jatima krenuše ka tom mestu da vide proviđenje koje je prestalo da se ukazuje, a kad je dobročinitelj ozdravio, nije imao dovoljno hleba da nahrani sve svoje goste.

Teško je znati odakle jedna basna potekne. Naslov otkriva jedino da je ova nastala u sobi bolesnika gde je Mario pronašao svoj uspeh. Onaj ko poznaje puteve nadahnuća, neće se začuditi što se od tako običnog uspeha koji je Mario imao kod brata, u jednom skoku stiglo do onog uspeha dobre duše iz basne, koja je morala da se razboli da bi do njega došla. Neće znati odakle su došle sve te toliko pokvarene ptičice, koje su umele da se na sav glas žale naokolo ali su iz tvrdičluka krile od drugara svoju sreću, osim ako ne pretpostavimo, što je malo teže, da je pesnik, dok piše, vidovit, i da je u vlastitom uspehu Mario naslutio Đulijevo lukavstvo. Međutim, treba imati u vidu da kad čovek u Mariovom položaju počne da analizira činjenicu uspeha, nevaljalstvo pripisuje svima, pa i ptičicama.

Naredne večeri, Mario je pustio da ga brat moli da nastavi s čitanjem. „Prebrzo si zaspao," rekao je bratu, „i plašim se da ti ne bude dosadno." Ali Đulio nije nameravao da se odrekne jedine književnosti koja je do te mere bila oslobođena kritike. Pobunio se da nije zaspao od dosade, koja je zapravo neprijatelj sna, već zbog potpunog blaženstva koje ga je obuzelo jer je uživao što sluša određene zvuke i misli.

I eto, stvari koji se pokrenuše ovako, nastaviše se nepromenjene sve do kraja rata, a rat potraja toliko da je roman – nasuprot tvrdnji jedinog kritičara koji se njime pozabavio – bio prekratak. Ali ni za Đulija ni za Marija to nije bio veliki problem. Đulio izjavi: „Tako sam se lepo navikao na tvoju prozu da bih teško mogao da podnesem neku drugu, neku od onih gnevnih i žestokih." Mario, blažen, poče ispočetka, siguran da mu neće dosaditi. Vlastita proza uvek je primerenija vlastitim glasnim žicama. Razumljivo: jedan deo organizma iskazuje drugi.

I nižući uspehe jedan za drugim, Mario je tako nezaštićen bivao sve pogodniji za zaveru koja će se protiv njega uskoro isplesti.

III

Mario je imao dva stara prijatelja od kojih će se jedan pokazati kao njegov ljuti neprijatelj.

Prijatelj, koji je imao da ostane to sve do smrti, bio je njegov šef, nešto malo stariji od njega, gospodin Brauer. Blizak prijatelj jer se nije ponašao kao šef, već kao pravi kolega. Taj odnos ravnopravnosti nije potekao iz instinktivnog prijateljstva ili demokratskih ubeđenja, već iz samog posla koji su njih dvojica godinama radili zajedno, i u kojem je čas jedan a čas drugi bio bolji. Zna se da čak i najnesposobniji pisac ume da ispravi pismo bolje od nekog ko se nikad nije pačao u književnost. Brauer je bio bolji kad je trebalo proceniti neki posao, ali je ustupao svoje mesto Mariju kad je trebalo sastaviti neku ponudu ili se oko nečega sporiti. Njihova saradnja je postala tako uigrana da su dvojica službenika ličila na organe jedne iste mašine. Mario je navikao da pretpostavlja šta gospodin Brauer hoće kad ga zamoli da napiše pismo tako da se određena stvar nasluti a ne izgovori ili da se izgovori ali bez preuzimanja obaveza. Gospodin Brauer je uvek bio bezmalo ali nikada potpuno zadovoljan, i često je umeo da preradi čitavo pismo premeštajući Mariove reči i rečenice koje je ostavljao nepromenjene sa slepim poštovanjem. Dok bi ispravljao, gospodin Brauer bi postao najljubazniji na svetu, i

22

izvinjavao se uz reči: „Vi, ljudi od pera, imate neki svoj, suviše poseban način izražavanja. Ne ide uz obične ljude koji trguju." A Marija je toliko malo vređala njegova kritika da je davao sve od sebe da je zasluži: svoja pisma je pisao kitnjastije od svojih basni. A onda bi brže-bolje priznao da pismo koje je Brauer preradio svakako više liči na poslovno, jer to je bio najsigurniji način da se zaključi razgovor o tom pismu koje mu je dozlogrdilo.

Sva ta zajednička remek-dela stvorila su neku nežnu bliskost između njih dvojice. Jedan drugom su priznavali zasluge. Al' beše tu još nešto: nijedan od njih nije zavideo onom drugom na njegovoj odličnosti u određenim stvarima. Za Brauera nije bilo gore nesreće nego se roditi kao pisac, a oni koje je ta nesreća pogodila bez njihove krivice, imali su pravo na svu zaštitu od strane svojih drugova koji behu srećnije ruke. Za Marija je, pak, veština trgovanja bila upravo ono čemu nikada nije stremio.

Jedino što Mario nije bio sasvim uveren da Brauer zaslužuje baš toliko veću platu od njega. Ta zavist je bila dovoljna za nastanak basne. Elem, i siroti Brauer se pretvori u vrapca, ali mu je društvo u toj metamorforzi pravio sâm Mario. Dvojici vrabaca su, naravno, ostavljali mrvice hleba, jer oni postoje da bi se ljudska dobrota mogla prikazivati bez većeg truda. Brauer je do hleba leteo kraćim putem, što znači bliže zemlji. Mario je leteo visoko i zato bi stigao kasno. Ali rado je gladovao tešeći se lepotom pogleda u kojem je iz visina mogao da uživa.

Treba reći i to da je Mario bio odličan službenik i da ga nije trebalo naročito podsticati da izvršava svoju dužnost. Osim onih pisama koje je pisao u saradnji sa kolegom, bio je odgovoran i za vođenje evidencije, kao i za druge manje važne poslove koji u trgovini po običaju spadaju u dužnost literata koji ništa drugo ne znaju da rade. Zbog tih sitnijih zaduženja koje je Mario obavljao veoma savesno, Brauer mu je takođe bio zahvalan jer je tako imao više vremena da upravlja poslovima, što je i bila njegova želja i dužnost. Na taj način njegova promišljenost je sve više rasla, i bližio se trenutak kada će Brauerovo trgovinsko znanje Mariju biti korisnije nego što mu je književnost ikada bila.

Drugi Mariov prijatelj, onaj koji će se uskoro pokazati kao njegov neprijatelj, bio je izvesni Enriko Gaja, trgovački putnik. Kao mlad, neko kraće vreme, pokušao je da piše pesme, i tako se upoznao sa Mariom, ali je onda trgovački putnik u njemu ugušio pesnika, dok je Mario, u mrtvilu svog posla, nastavio da živi od književnosti, odnosno od snova i basni.

Posao trgovačkog putnika nije za amatera. Pre svega, on život provodi daleko od stola, jedinog mesta na kojem se mogu pisati stihovi i proza; a onda, trgovački putnik juri, putuje i priča, pre svega priča do iznemoglosti. Možda nije bilo toliko teško ugušiti književnost u Gaji. On je prošao kroz onaj period idealizma koji ponekad prethodi i nastanaku goniča robova, i taj period u njemu nije ostavio ništa više tragova nego što u razvijenom insektu ostavi larva. Mogao bi čovek da ga samelje u prah, pa da ga podvrgne temeljnoj analizi, ali u njegovom organizmu ne bi našao ni jednu jedinu ćeliju oblikovanu da služi nečemu drugom osim pravljenju dobrih poslova. Pomalo nepravedan, Mario mu nije oprostio tako radikalnu promenu, i razmišljao je, 'Kad vidite vrapca u krletki osetite sažaljenje, ali i bes. Ako je dopustio da ga uhvate znači da je donekle već bio za krletku, a ako je podnosi, to je čvrst dokaz da drugačiju sudbinu nije ni zaslužio.'

Međutim, Gaja je bio izuzetno cenjen kao trgovački putnik, i ne treba ga potcenjivati, jer je dobar trgovački putnik bogatstvo za svoju porodicu, za firmu koja ga je zaposlila pa čak i za zemlju u kojoj se rodio. Čitavog svog života obilazio je varoši po Istri i Dalmaciji, i mogao se pohvaliti da bi se za jedan deo stanovnika tih varoši (njegovih klijenata), kad bi on stigao, uparloženi ritam provincijskog života ubrzao. Na putovanjima, društvo su mu pravili neiscrpno brbljanje, apetit i žeđ, jednom rečju, tri društvene osobine *par excellence*. Obožavao je neslane šale poput drevnih Toskanaca, ali je tvrdio da su njegove zabavnije. Nije bilo mesta u kojem je bio a gde nije našao žrtvu za svoje male psine. Tako su ga klijenti pamtili i pošto bi otišao, jer bi se dalje zabavljali s onim što je on započeo.

Možda je ta ljubav prema sprdanju bila ostatak njegovih zatomljenih umetničkih težnji. Jer komendijaš jeste umetnik, svojevrstan karikaturista čiji posao nije mnogo lakši zbog činjenice da ne mora da radi već da izmišlja i laže kako bi na kraju sama žrtva napravila karikaturu od sebe. Takva podvala se pažljivo priprema i prati. Tačno je da se o njoj mnogo više priča ako izađe iz pera čoveka kao što je Šekspir, ali kažu da se i pre njega mnogo pričalo o onoj koju je napravio Jago.

Može biti da su ostale Gajine psine bile bezazlenije od ove o kojoj je ovde reč. U Istri i Dalmaciji trebalo je da podstaknu dobre poslove. Ali ona koju je priredio Mariju, bila je zadojena pravom mržnjom. E, da. On je slepo mrzeo svog velikog prijatelja. Možda toga nije bio sasvim svestan, štaviše bio je uveren da ne oseća ništa osim iskrenog sažaljenja prema Mariju, tom jadniku toliko uobraženom, bez ičega na ovom svetu, primoranom da radi taj bedni posao na kojem nikada neće napredovati. Kad bi pričao o Mariju, umeo bi da namesti sažaljivi izraz lica koji je međutim imao i nešto preteće zbog načina na koji bi pri tom iskrivio usta.

Zavideo mu je. Gaja je jednako bio obuzet terevenkama kao što je Mario bio obuzet basnama. Mario je uvek bio nasmejan, a on se smejao mnogo, ali s prekidima. Basna uvek prati čoveka kao kakva blistava senka pored one mračne koju pravi telo, dok je terevenka, ako se uhvati pod ruku sa senkom, ubistvena. Jer ona je zločin protiv vlastitog oganizma, smesta propraćen (naročito u izvesnim godinama) tako dubokim kajanjem da u je u poređenju s njim Orestova pokora zbog ubistva majke bila zaista blaga. Uz kajanje uvek ide i trud da se ono ublaži, objašnjenima i pravdanjem zločina, možda čak tvrdnjom da su terevenke ljudska sudbina. Ali kako je Gaja uopšte mogao da i ne trepnuvši izjavi da terevenče svi oni koji to mogu, znajući pri tom da postoji neko kao Mario.

A tu je bila i ona blagoslovena književnost koja je takođe radila na unošenju smutnje u Gajinu dušu, premda je delovao kao da se od nje sasvim iščistio. Niko ne prođe nekažnjeno zbog sna o slavi, pa makar trajao samo kratko vreme, a da za njim kasnije ne žali zauvek i ne zavidi onome ko ga održava, čak i ako slavu nikada neće dostići. A kod Marija je taj san izbijao iz svake pore na njegovoj koži koja je umela tako lako da pocrveni. Mesto koje mu je bilo uskraćeno u književnoj republici, on je ipak smatrao svojim i zauzimao ga je, gotovo tajno, ali s ništa manje prava zbog toga i bez ikakvih ograničenja. Svima je ipak govorio da već godinama ne piše (preterujući jer su postojale priče o ptičicama) ali niko mu nije verovao, i to je bilo dovoljno da mu se uz sveopštu saglasnost pripiše jedan uzvišeniji život, uzvišeniji od svega onoga čime je bio okružen.

Zaslužio je, prema tome, zavist i mržnju. Enriko Gaja ga nije štedeo svojih zajedljivih primedbi, a ponekad je znao i da ga dotuče pričama o poslu i ekonomskom položaju. Ali to mu nije bilo dovoljno, jer je i sâm Mario voleo da se nasmeje na račun svog položaja. Gaja je želeo da mu istrgne onaj srećan san iz očiju po cenu da ga oslepi. Kad bi ga video kako ulazi u kafe s onim držanjem čoveka koji na stvari i na ljude gleda s večnom, živom i vedrom radoznalošću pisca, kazao bi smrknuto: „Evo velikog pisca." A Mario je zaista imao držanje i zračio srećom velikog pisca.

Gaja se u basnama nije pojavljivao. Međutim, jednoga dana Mario otkri da su ptičice vrlo proždrljive: za samo jedan dan pojedu toliku gomilu mrvica koje bi stavljene na vagu težile koliko i one same. Zato je među vrapcima bilo tako teško naći jednog koji liči na Gaju. Iako su ga po jednoj osobini svi podsećali na njega. I Mario je u toj sličnosti odmah prepoznao protivrečnost koja bi u budućnosti mogla da posluži za basnu: 'Jede kao vrabac, al' ne leti'. A kasnije: 'Ne leti, i od straha baš prebledi". Nesumnjivo je mislio na Gaju koji je jedne večeri, pošto je svojim ogovaranjem uvredio jednog prijatelja, morao da pobegne iz kafea glavom bez obzira.

IV

Taj 3. novembar 1918, istorijski dan za Trst, stvarno nije bio najprimereniji dan za sprdnju.

U osam uveče, uslišivši molbu svog brata koji je iz postelje žudeo za novim vestima nakon što je čuo izveštaj o iskrcavanju Italijana, Mario se uputi u kafe da popije onaj bućkuriš zaslađen saharinom, koji su Tršćani već navikli da smatraju kafom.

Od poznanika zatekao je samo Gaju, koji se na jednoj sofi odmarao posle nekoliko zamornih sati provedenih na nogama. Žao mi je, ali mora se priznati da je Gaja zaista izgledao kao zli duh. Premda uopšte nije bio ružan. Imao je pedeset pet godina, seda kosa mu je blještala gotovo metalnim sjajem, dok su mustaći koji su pokrivali njegove tanke usne uprkos tome bili mrki. Mršav, ne mnogo visok, čovek bi čak mogao reći i okretan da se nije držao malo pogureno, i da njegovo telašce nije bilo preopterećeno izbočenim škembetom, nesrazmernim i obešenim mnogo više nego što je to uobičajeno kod muškaraca koji ga imaju zbog nekretanja ili samo zbog jela, jednom od onih trbušina koje Nemci, inače stručnjaci za to, pripisuju uticaju piva. Njegove sitne crne okice gorele su nekom veselom pokvarenošću i bahatošću. Imao je promukao glas pijanca i povremeno bi vikao jer je imao pravilo da uvek treba govoriti glasnije od svog

28

sagovornika. Hramao je poput Mefista, ali za razliku od njega uvek na drugu nogu, jer ga je reuma mučila čas u desnoj čas u levoj nozi.

Stariji od njega, Mario je pak, uprkos sedim vlasima i maljama, kako to obično biva kod ozbiljnih ljudi u njegovim godinama, bio uočljivo plav i svetle puti u licu, vedrom i opuštenom.

Gaja je uzbuđeno pričao o raznim događajima kojima je prisustvovao tog popodneva. Sve je to bila čista retorika, jer je došao trenutak da naduva svoj patriotizam koji nije baš bio prevelik pre dolaska Italijana. Umeo je taj sve da naduva, budući da je uvek bio spreman da se živo zagreje za sve što može da se dopadne onima koji su bili ili bi mogli da postanu njegovi klijenti.

Odjekujući iz daljina, Mariove reči takođe bi se sad mogle proglasiti retorikom. Ali ne treba smetnuti s uma da je toga dana i sâma reč, pogotovu iz usta nekoga kome nije bilo suđeno da dela, dužno morala biti snažna i herojska. Mario pokuša da oplemeni svoje izlaganje da bi bio na visini situacije i stoga, sasvim prirodno, podseti na to da je on čovek od pera. Najistančaniji deo njegove prirode probudio se da bi učestvovao u istoriji. Reče doslovno: „Želeo bih da mogu opisati ono što danas osećam." A posle kraćeg oklevanja: „Trebalo bi mi zlatno pero da njime ispišem reči na pergamentu s iluminacijama."

To jeste bila žrtva, jer pored mnogih drugih stvari, u Trstu tad nije bilo ni zlatnih pera nit pergamenta s iluminacijama. Ali Gaja je to doživeo sasvim drugačije, i naljuti se kao što to umeju samo pijanci.

Pomisli da je previše što se Samilji uopšte usudio da pomene svoje pero u vezi s jednim događajem od istorijske važnosti. Stisnu zube kao da iza njih želi da sakrije tešku uvredu koja se tu sasvim spontano uobličavala, zatim otvori pesnicu, koja se bila stisnula sama od sebe, dok je gledao ružičasti nos čoveka od pera, ali nije uspeo da obuzda onaj odgovor delotvorniji od reči, pa i od pesnice, o kojem je već dugo razmišljao, ali koji još nije bio dovoljno zreo, onako kao posle dugotrajne i pažljive pripreme: podvala puče preko glave jadnog Marija poput kakvog eksploziva koji je sasvim slučajno došao u dodir s vatrom. I tako je Gaja naučio da i podvala, kao sva druga umetnička dela, može da se improvizuje. On nije verovao u njen uspeh i spremao se da je izbriše pošto mu bude poslužila da tom uobraženku pokaže svoj prezir. Ali, onda se Mario tako lepo upecao da bi njegovo skidanje s mamca zahtevalo previše napora. I Gaja ostavi podvalu u životu, prisetivši se kako malo zabave ima u Trstu. Bilo je vreme za oporavak od jednog dugotrajnog perioda ozbiljnosti.

Započe žestoko: „Zaboravio sam da ti kažem. Svašta čovek zaboravi u ovakvim danima. Znaš li koga sam video u onoj razdraganoj gomili. Predstavnika Vestermana, izdavača iz Beča. Prišao sam mu da ga zadirkujem. Klicao je i on koji ne zna ni reč italijanskog. Al' umesto da se ljuti, odmah je pomenuo tebe. Pitao me je kakve obaveze imaš prema svom izdavaču u vezi sa onim tvojim starim romanom *Jedna mladost*. Ako se ne varam, ti si tu knjigu prodao?"

„Nikako," reče Mario s velikim žarom. „Ona je moja, samo moja. Platio sam troškove izdavanja do poslednje pare, a od izdavača nikada ništa nisam dobio."

Činilo se da trgovački putnik pridaje veliki značaj onome što čuje. On je dobro znao kako treba da izgleda čovek kad iznenada shvati da se ukazuje prilika za dobar posao, jer je bar jednom dnevno tako izgledao. Skupi se i povi kao da hoće da uhvati zalet:

30

„Pa onda postoji mogućnost da se taj roman proda" – uzviknu. „Šteta što to nisam ranije znao. A ako sad izbace tog debelog Nemca iz Trsta? Pozdravi se s poslom! Zamisli da je on i došao u Trst samo da bi s tobom pregovarao!"

Mario je bio ogorčen, i treba primetiti s izvesnim iznenađenjem da je ogorčenost bilo prvo osećanje pri nagoveštaju nepredviđenog uspeha, dok je za svih onih dugih godina uzaludnog iščekivanja nijednom nije osetio. Kako je Gaja uopšte mogao da pomisli da roman više nije njegov? Ko je ikad tih godina hteo da ga kupi? I obuze ga bes koji je bio nepodnošljiv jer je istom shvatio da ne sme da ga pokaže. On je sada bio potpuno u Gajinim rukama i shvatio je da ne treba da ga uvredi. Ali s bolom pomisli da se nalazi u rukama osobe koja je svojom lakomislenošću pretila da ga upropasti.

Valja podsetiti da su tih dana u svetu vladali pometnja i rastrojstvo. Ako je predstavnik izdavača nestao u onoj gunguli, bez namere da se ponovo pojavi, nesumnjivo uveren da je posao koji mu je bio poveren već obavio neko drugi, biće nemoguće ući mu trag. Nikad ovaj svet nije video gomile slične onima koje su se kretale između Trsta i Beča, okešane o vozove kojih nije bilo dovoljno, ili u neprekidnim buljucima, pešice, po glavnim putevima, sastavljene od vojske u bekstvu i građana koji odlaze ili se vraćaju, svi bezimeni i nepoznati, poput krda stoke koju je poterala vatra ili glad.

Ni na trenutak nije posumnjao u verodostojnost Gajinih reči. Verovatno je bio skloniji lakovernosti posle onog svakovečernjeg uspeha svog romana u bratovljevoj sobi. A kada je, mnogo kasnije, saznao za zaveru skovanu protiv njega, da bi se pred sobom opravdao zbog vlastite nesmotrenosti, stvorio je basnu u kojoj pripoveda kako je mnogo ptica uginulo jer su se na jednom istom mestu zatekla dva čoveka, jedan dobar a drugi zao. Na tom mestu je odavno stajao hleb onog prvog, a u poslednje vreme i lepak za ptice onog drugog. Baš kao što preporučuje jedna bezvredna knjižica koja podučava kako da se hvataju ptice na naučnoj osnovi, i koja se ovde, naravno, ne navodi.

Gaja je veličanstveno iskoristio Mariovo raspoloženje, koje je bilo više nego očigledno. Njegova jedina greška bila je u tome što je mislio da je naročito lukav. A zapravo nije bio nimalo lukaviji od najobičnijeg lovca koji poznaje navike svog plena. Možda je preuveličao lukavstvo. Pre nego što će se baciti u potragu za tako važnom osobom, koja je možda upravo napuštala Trst, on zatraži od Marija da mu da pismenu izjavu kojom mu se obezbeđuje provizija od pet posto. Mario zaključi da je predlog pošten, ali pošto su morali da sačekaju da im usporeni konobar donese pero i hartiju, predloži da Gaja krene odmah, da ne bi gubio vreme, a on će napisati izjavu i daće mu je sutradan. Ali Gaja ne pristade. Ako hoćemo da idemo na sigurno, o poslovima se može pričati samo na jedan način. I, veoma brižljivo, sačinjena je izjava kojom Mario obavezuje sebe i naslednike da Gaji isplate proviziju od pet posto na bilo koji iznos koji mu sada ili ubuduće izdavač Vesterman bude isplatio. Toj izjavi je Mario, na sopstvenu inicijativu, dodao i izraze zahvalnosti koji su bili puko pretvaranje, jer ga je na to navela želja da prikrije svoju ozlojeđenost zbog dve stvari: prvo, duboku ozlojeđenost zbog nemarnosti kojom je Gaja ugrozio njegove interese, i drugo, mnogo manju ozlojeđenost zbog nepoverenja koje je Gaja pokazao prema njemu zahtevajući da se izjava napiše odmah.

Onda se Gaja nađe u žurbi, i odjuri jedva dočekavši da može slobodno da se nasmeje. Mario bi rado odjurio s njim da prekrati svoje strepnje, ali Gaja ne pristade. Prvo je morao da svrati u svoju kancelariju, zatim da požuri do jednog klijenta od kog bi možda mogao da sazna adresu tog Nemca, a na kraju će otići na jedno mesto gde neporočni Mario sigurno ne bi pristao da ga prati, i gde se sigurno nalazio i Nemac, ako je još bio u Trstu.

Pre nego što će ga ostaviti, pomisli da umiri Marija i da mu dokaže da njegova greška uopšte nije od većeg značaja. Kad bolje razmisli, reče, sad se setio da predstavnik Vestermana jeste rođen u nemačkoj porodici, ali u Istri. Tako da će postati italijanski državljanin po rođenju, i ne može biti prognan.

To je bio jedini čin koji je pokazao njegovu vrsnost pronicljivog komendijaša. Nije mu promakla Mariova duboka ozlojeđenost, i smatrao je da sad nije trenutak da ga izaziva.

I tako, kad je Mario izašao iz kafea, našao se u mraku noći pred potpunim i sigurnim uspehom. Ne bi bilo tako da je i dalje morao da strepi da l' je Nemac morao da napusti Trst. Duboko uzdahnu, i učini mu se da nikada u životu nije osetio taj vazduh. Pokuša da obuzda strašno uzbuđenje koje ga je gušilo i natera sebe da o toj pustolovini ne razmišlja kao o nečemu neobičnom. Jednostavno ju je zaslužio i dogodila mu se, i to je bila najprirodnija stvar na svetu. Čudno je bilo što mu se nije dogodila ranije. Čitava istorija književnosti bila je prepuna slavnih ljudi, koji to nisu bili po rođenju. U nekom trenutku do njih je sasvim slučajno došao veoma važan kritičar (seda brada, visoko čelo, prodorne oči) ili sposoban poslovni čovek, neki Gaja koji s dve-tri Brauerove osobine dobija na autoritetu, jer je sam Brauer bio suviše učmao zbog navike da bude podređen te stoga nije mogao biti oličenje nekoga ko pravi posao, i oni su odmah zakoračili ka slavi. I stvarno, da bi slava stigla, nije dovoljno da je pisac zaslužuje. Potrebno je da se tome pridodaju još jedna ili više odluka koje će uticati na učmale mase, one koje posle čitaju to što su ovi prvi izabrali. Jeste pomalo smešno, ali je tako i ne može se promeniti. A dešava se i da se kritičar uopšte ne razume u nečiji posao, a ni izdavač (poslovni čovek) u svoj, i opet smo na istom. Kada se ta dvojica udruže, uspešan autor je stvoren, na duži ili kraći period, čak i ako to ne zaslužuje.

Bilo je vrlo oštroumno od Marija što je stvari video na takav način, u tom trenutku. A mnogo manje oštroumno kad je spokojno dodao: „Hvala Bogu da je u mom slučaju drugačije."

Zašto do njega nije došao kritičar umesto poslovnog čoveka? Tešio se misleći da je Vestermana na taj posao svakako podstakao kritičar. I dogod je prevara trajala, on je maštao o tom kritičaru, izgradio je njegov lik i njegov karakter, pripisujući mu tolike vrline i tolike mane da ga je napravio važnijim od svih drugih živih osoba iz tog sveta. Nesumnjivo je bio kritičar koji uopšte ne mari za sebe, i uopšte nije bio kao drugi kritičari koji dok čitaju, preko svake stranice bacaju senku svog natmurenog nosa. On nije brbljao, već delao, što je bilo vrlo neobično za čoveka čije se jedino delanje sastojalo u prosuđivanju snage tuđe reči. Bio je pouzdaniji od uobičajenih kritičara, jer on je mogao da napravi samo jednu grešku (prilično veliku) a ne sijaset da se njima napune čitave novinske stranice. Kakva snaga! Vestermanova estetska duša, njegovo oko koje se nikada ne zatvara, jer bi izdavača inače moglo zadesiti da lažne kamenčiće plati kao prave, kako je Mario, koji se u to nije razumeo, pretpostavljao da se može desiti draguljarima. I tako hladnokrvan: poput mašine koja zna samo za jedan pokret. U njegovim rukama delo je sticalo svoju punu vrednost i ništa više od toga, i postajalo beživotno kao kakva roba koja prolazi kroz ruke posrednika i iza sebe ne ostavlja ništa osim novčane koristi. Ono ne osvaja, već biva prepoznato, odvagano i odmereno, predato drugima i zaboravljeno, da ne bi usporilo rad mašine koja se odmah iznova stavlja u pogon. Pošto je pročitao Samiljijev roman, kritičar je otišao kod Vestermana i rekao mu: „Ovo je knjiga za vas. Savetujem vam da smesta telegrafišete svom predstavniku u Trstu da je otkupi po bilo kojoj ceni." Tu se njegov zadatak završavao. Šta bi ga koštalo da je Samiljiju poslao razglednicu s nekoliko pametnih reči kakve samo on ume da sroči? Eto, takav je bio, upravo takav, najbolji kritičar na svetu. I kad pomisliš da je vredelo pisati, samo zato što na ovom svetu postoji takvo jedno čudovište!

Prema tome, moglo bi se reći da je Gajina psina pretila da postane vrlo važna, jer je već na samom početku izvrtala sliku sveta. A kad Mario bude bio prinuđen da promeni mišljenje, u jednoj basni iskaliće se upravo na kritičaru koga je sâm stvorio, i jedinom kritičaru kog je voleo.

Jednom proždrljivom vrapcu se posreći da jednog dana zatekne gomilu mrvica hleba. Pomisli da je za to zaslužna velikodušnost najveće životinje koju je ikada video, jednog ogromnog vola koji je pasao na livadi nedaleko odatle. Onda vola zaklaše, hleb nestade, a vrapčić je dugo oplakivao svog dobročinitelja.

Ova basna je pravi primer mržnje. Napraviti od sebe slepo i glupavo živinče poput onog vrapčića samo da bi i od kritičara mogao napraviti još veće goveče.

Mario je smatrao da je njegov uspeh toliko veliki da je doneo odluku koja je ipak morala da ublaži posledice podvale. Za sad ne treba nikome pričati o sreći koja ga je snašla. Kada knjiga bude objavljena na nemačkom, divljenje će u gradu i u čitavoj zemlji biti veće ako je neočekivano. Njemu koji je tolike godine čekao na uspeh, sigurno neće pasti teško da ga čeka još neko vreme.

Brat, već u postelji, stade da iznosi svoju sumnju u istinitost Gajinih reči, ali onako, gotovo mehanički, onu vrstu sumnje koja se u nama javi kad god čujemo neku neverovatnu vest. Ali je odmah spremno otera čak i iz najskrivenijeg kutka svoje duše, pošto je pretila da umanji bratovljevu radost. Nije poznavao Gaju te je prema tome njegova sumnja bila bez ikakvih osnova. Ispod našušurene noćne kapice, njegove živahne oči učestvovale su u toj silnoj radosti. Novine su ga uznemiravale i nije ih smatrao zdravim, ali Mariova radost morala je biti i njegova. Bez zadrške, i pored toga što, kad je Mario pričao o njihovom budućem bogatstvu, on tome nije pridavao važnost. Njegov krevet neće biti topliji nego što jeste, a povećaće se iskušenja zbog bogatije hrane koja je pretila da mu ugrozi zdravlje.

Za njega je već prvo veče bilo mnogo manje prijatno nego obično. Sad kada je vraćen u život, roman je izazivao Mariovu uznemirujuću kritiku. Svakog časa čitač je prekidao čitanje da bi pitao: „Zar ne bi bilo bolje da se to kaže drugačije?" I predlagao nove reči, tražići od jadnog Đulija da mu pomogne da se odluči. Ništa strašno, ali dovoljno da čitanju oduzme njegovo svojstvo uspavanke. Da bi mogao odgovoriti na Mariova pitanja, Đulio je dva-tri puta uplašeno razrogačio oči kao da je hteo da pokaže da sluša reči koje su mu upućene. Zatim se doseti nečega što je te večeri zaštitilo njegov san: „Čini mi se," promrmlja, „da ne treba menjati ništa u nečemu što je, kako izgleda, postiglo uspeh. Ako ga menjaš, možda ga Vesterman više neće hteti."

Ova ideja vredela je isto koliko i ona druga koja je već godinama štitila njegov san. Za to veče je savršeno poslužila. Mario izađe iz sobe, ali je bio manje uviđavan nego obično, i tresnu vratima tako da jadni bolesnik poskoči.

Mariju se činilo da ga Đulio ne podržava kao što bi trebalo. Evo, ostavio ga je samog s tim uspehom koji je lebdeo u vazduhu, uznemirujući i gori od kakve pretnje. Ode u krevet, ali je uranjanje u san bilo zastrašujuće. U polusnu je video svoj uspeh oličen u Vestermanovom predstavniku kako biva odvučen daleko, strašno daleko, prema severu, i kako ga naoružana i podivljala rulja ubija. Kakav košmar! Morao je da upali svetlo da bi shvatio da ako umre Vestermanov predstavnik, i dalje ostaje Vesterman a on nije ništa drugo nego akcionarsko društvo koje ne podleže fizičkoj smrti.

Kad je već upalio svetlo, Mario stade da traži basnu. Pomisli da ju je našao u svom prebacivanju sebi da ne ume spokojno da uživa u tolikoj sreći koja mu se smešila. Rekao je vrapcima: „Vi koji uopšte ne marite za budućnost, o budućnosti sigurno ništa ne znate. I uspevate da budete radosni ako ništa ne očekujete?" On je zapravo verovao da ne može da spava zbog prevelike radosti. Ali ptičice su bile bolje pripremljene: „Mi smo sadašnjost", rekoše, „a ti, ti što živiš za budućnost, da li si zaista srećniji?" Mario je priznao da je pogrešio pitanje, i odlučio je da u neka bolja vremena smisli drugu basnu koja bi pokazala njegovu nadmoć nad ptičicama. S basnom čovek može stići gdegod želi, ako ume da želi.

Brauer, kome je Mario sledećeg dana ispričao svoju dogodovštinu, bio je iznenađen, ali ne previše: znao je i za neku drugu robu koja iznenada dobije na vrednosti pošto je prethodno bila potcenjena ne samo četrdeset godina, već i po nekoliko vekova. Nije se mnogo razumeo u književnost, ali znao je da se ponekad, premda retko, na njoj nešto i zaradi. Jednog se plašio: „Ako se ti obogatiš lepom književnošću, na kraju ćeš napustiti ovu kancelariju".

Mario je skromno primetio da ne veruje da ga njegov roman može obezbediti do kraja života. „Pa ipak," dodade pomalo nadmeno, „tražiću položaj koji će više odgovarati mojim zaslugama". Istini za volju, on nije mislio da menja položaj u toj kancelariji gde je posao bio tako lak, ali ljudi zadojeni knjigom vole kad mogu da izgovore određene reči. To je najdragocenija nagrada za njihove zasluge.

U tom trenutku donesoše mu poruku od Gaje, u kojoj se poziva da tačno u jedanaest bude u kafeu Tomazo. Predstavnik Vestermana je nađen. Mario otrča odmah, ali prethodno zamoli Brauera da još ne razglasi novost.

V

Gaja, Mario i predstavnik Vestermana bili su tako tačni da su se svi zajedno našli pred vratima kafea. Tu su se prilično zadržali pošto su napravili malu vavilonsku kulu. Mario je na nemačkom znao da kaže dve reči kojima je izrazio zadovoljstvo što je upoznao predstavnika jedne tako značajne firme. Drugi je, na nemačkom, rekao nešto više, mnogo više, i nije sve otišlo u vetar jer je Gaja spremno prevodio: „Čast da upozna... čast da pregovara... izvrsno delo koje je njegov poslodavac hteo da ima po svaku cenu."

I Gaja tad, glumeći pre neotesanost nego čvrstinu, reče nekoliko reči koje odmah i prevede. Izjavio je da Vesterman može da dobije roman kad bude platio. Ovde je bila reč o poslu, a ne o književnosti. Izgovarajući ovu poslednju reč, prezrivo se namršti, što je bilo neoprezno. Zašto kinjiti književnost ako je bilo tačno da se u ovom slučaju pretvara u unosan posao? Ali Gaja je zadavao udarce književnosti kako bi mogao da pogodi književnika, zaboravljajući da je podvale radi trebalo da ga kuje u zvezde. A u toku razgovora, jednom je uspeo da kaže Mariju: „Ti ćuti jer nemaš pojma." Mario se nije bunio: Gaja je nesumnjivo hteo da mu pripiše neznanje samo kad je reč o poslovima.

Onda se Gaji smučilo da stoji napolju. Spustila se sićušna vlažna izmaglica, osuđena da je raznese bura koja se spremala da u crno zavije te slavne dane. Gaja gurnu vrata kafea i, bez ustručavanja, dajući sebi oduška u gromkom smehu, uđe prvi, hramljući.

Druga dvojica se još malo zadržaše razmenjujući izraze poštovanja pre nego što uđoše unutra, i Mario je imao vremena da bolje pogleda tako uglednu osobu koju vidi prvi put. Nikada je više neće videti, ali je nikada nije zaboravio. Isprva ju je pamtio kao veoma smešnu osobu, koja je zbog važnosti poverene joj poruke izgledala još smešnije. Sećanje se kasnije nije mnogo promenilo: osoba je i dalje bila smešna, ali se njena podlost bolno odrazila i na samog Marija, jer joj je on dozvolio da ga pregazi i povredi. Rane su ga još više bolele pošto ih je nanela jedna takva ruka. Može se reći da Mario nije bio loš posmatrač, ali je, nažalost, bio književni posmatrač, od onih koje možete prevariti bez veće muke, jer njihovo zapažanje, premda tačno, biva odmah iskrivljeno snagom njihovih ideja. A ideje nikad ne nedostaju onome ko ima makar malo iskustva u ovom životu, gde iste linije i iste boje pristaju najrazličitijim stvarima, koje sve do jedne pamti samo pisac.

Predstavnik izdavača Vestermana bio je jedan oklembešeni čovečuljak bez autoriteta koji inače daje izvesna skladna obilatost u mesu i salu, a koja je u ovom slučaju delovala nezgrapno zbog previše razvijenog trbušnog dela koji je čak štrčao izvan bunde. Dovde je ličio na Gaju. Bunda s raskošnim okovratnikom, od fokinog krzna, bila je najupečatljivija stvar na čitavoj osobi, upečatljivija i od sakoa i dronjavih čarapa koji su se nazirali ispod nje. Nikada je nije skinuo, štaviše, zakopčao ju je odmah pošto ju je prethodno raskopčao da bi došao do unutrašnjeg džepa.

Visoki okovratnik je stalno uokvirivao to lišce s retkom i riđkastom bradicom i brkovima na potpuno ćelavoj glavi. Još nešto je Mario primetio: Nemac se toliko kruto držao u bundi koja kao da je srasla s njim, da je svaki njegov pokret izgledao geometrijski izlomljen.

Bio je ružniji od Gaje. Ali piscu je bilo prirodno da liče. Zašto trgovac knjigom ne treba da liči na onoga ko se bavi vinom? I kod vina je postojalo nešto uzvišeno i prefinjeno što je prethodilo trgovini i što ju je omogućilo: vinograd i sunce. Što se tiče pompeznosti s kojom je šetao to krzno, budući da je išla uz čoveka Gajine sorte, nije bilo teško razumeti otkud ona. Mariju nije palo na pamet da je ta krutost zapravo način da se obuzda nezadrživa potreba za smehom, ali se zato prisetio da je krutost bila svojstvena takvoj kategoriji ljudi, trgovačkim putnicima, koji hoće da ostave utisak da su nešto što nisu i koji bi izneverili suštinu svog pravog bića kad ne bi vladali sobom. Sve je to Mariju prošlo kroz glavu uz izvesnu zadršku. Izgledalo je kao da pokušava da pripomogne da se podvala što uspešnije okonča. Uz to je još pomislio da je kritičar kuće Vesterman ostao kod kuće, ali je kod kuće ostao i veliki poslovni čovek. Tada nije bilo lako putovati, i vidi se da je za zaključivanje jednog takvog posla bilo dovoljno unajmiti neku sličnu spodobu, nekog Gajinog prijatelja.

Za stolom, u kafeu koji je u to doba bio prazan, još neko vreme se nastavila priča s vavilonskom kulom. Vestermanov agent je pokušao da objasni nešto na italijanskom, ali bez uspeha. Gaja se umešao: „On hoće tvoju izričitu potvrdu da sam ja ovlašćen da pregovaram za tebe. Mogao bih se uvrediti zbog njegovog nepoverenja, ali ja to razumem, posao je posao. Uostalom, i ti si ovde, ali on kaže da se ti u to ne ra

41

zumeš." Mario se pobunio na italijanskom da je ono što se Gaja dogovorio obavezujuće za njega. Kazao je to sričući slogove, i Nemac potvrdi da je razumeo i da mu je to dovoljno.

Gaja ponudi kafu, i Vestermanov predstavnik odmah izvadi iz unutrašnjeg džepa neke ogromne listove papira, ugovor već pripremljen u dva primerka. Položi ga na sto i grudima se nagnu preko njega. Mario pomisli: „Da ne pati i od lumbaga?"

Gaji se žurilo. Zgrabi papire ispred ovog, i poče Mariju da prevodi ugovor. Preskočio je brojne klauzule koje su bile iste u svim ugovorima velike izdavačke kuće, i govorio je o svim prednostima koje je on ovim ugovorom obezbedio Mariju. Izgovarao je upravo one reči koje bi upotrebio da taj posao nije bila obična sprdnja: „Videćeš da sam zaslužio svoju proviziju. Proveo sam čitavu noć raspravljajući s njim." I pusti sebi na volju da izbaci malčice onog otrova kojim je bio ispunjen: „Ne bi ti ništa uradio, da ti ja nisam pomogao."

Vesterman se tim ugovorom obavezao da isplati Mariju dve stotine kruna, i tako je otkupio prava za prevod romana u čitavom svetu. „Vlasnik prava za Italiju ostaješ ti. Smatrao sam da to pravo treba da zadržiš ti, jer ko zna kakvu vrednost može da stekne roman u Italiji kad se bude saznalo da je preveden na sve jezike." Da bi bio jasniji, ponovi: „Italija ostaje tebi, cela." I ne nasmeja se, štaviše, na licu mu se zaledio izraz čoveka koji očekuje odobravanje i pohvalu.

Mario se najtoplije zahvali. Činilo mu se da sanja. Došlo mu je da zagrli Gaju, ali ne zato što mu je poklonio Italiju, već zato što je predvideo da će i u Italiji, vrlo brzo, roman naći svoje mesto pod suncem. Kudio je sebe zbog nagonske netrpeljivosti koju je prema njemu uvek osećao, i polako se ubeđivao u naklonost: „Više je nego dobar, koristan je. Ja sam na dobitku, i baš je lepo od njega što pokazuje da mu je drago zbog toga."

Međutim, setio se uznemirenja i mučenja od prethodne noći, i uhvativši se prisno za Gajinu ruku, predloži da se u ugovor ubaci klauzula koja bi obavezala Vestermana na izdavanje romana, barem na nemačkom, pre kraja devetsto devetnaeste. Žurilo se, kukavnom Mariju, i bio je spreman da žrtvuje čak i jedan deo od tih dvesta hiljada kruna, ako bi time ubrzao dolazak velikog uspeha. „Ja više nisam tako mlad", rekao je da bi se opravdao, „i voleo bih da vidim prevod svog romana pre smrti."

Gaja je bio zgađen, i njegov prezir prema Mariju rastao je srazmerno rastu Mariove naklonosti prema njemu. Trebalo je stvarno biti uobražen da bi se dovodila u pitanje ponuda koja mu je data za tu bedu od romana bez ikakve vrednosti.

Kao što je uspeo da prikrije smeh, tako je prikrio, s istim naporom, svaku naznaku prezira, a da bi se kasnije još slađe smejao, hteo je čak i da nađe načina da u ugovor ubaci klauzulu koju je Mario želeo. Ali na tim stranicama (na kojima je u stvari bio ugovor o prevozu vina u vagonima cisternama) nije bilo mesta, a osim toga nije bilo ni moguće raditi u Mariovom prisustvu, a ni glumiti da se nešto radi, s obzirom na onu nezadrživu želju u njima da prasnu u smeh. Posle kraćeg oklevanja ispunjenog tolikom količinom pakosti da je morao sakriti lice rukom počešavši se prvo po nosu, zatim po čelu a na kraju po bradi (možda je umeo da se smeje pojedinim delovima lica zasebno), Gaja stade ozbiljno da raspravlja o Mariovom zahtevu. Isprva je predočio svoju bojazan da bi Vesterman mogao izgubiti strpljenje zbog tolikih zahteva, ali ipak, budući da vidi koliko bi Marija rastužilo odbijanje njegove molbe koja ni u čemu nije bila štetna za Vestermana, a njemu bi donela mir, pade mu na pamet genijalna ideja: „Zar ne misliš da će onaj ko je platio dvesta hiljada kruna imati sve razloge da požuri kako bi što pre video plodove svog ulaganja?"

Mario je priznao valjanost obrazloženja, ali je njegova želja bila toliko snažna da nikakvo obrazloženje ne bi bilo dovoljno da je ugasi. Da još čeka? Šta će raditi čitavo to vreme? Basne nastaju samo u danima koji su puni iznenađenja. Čekanje je pustolovina, odnosno samo nesreća, i može da donese samo jednu basnu, koju je on već napisao: priča o onom vrapcu koji je umirao od gladi čekajući hleb tamo gde je, sasvim slučajno, bio samo jednom bačen (primer združene proždrljivosti i nepokretljivosti, koji se povremeno može naći u basnama): Mario je oklevao. Tražio je ali nije našao neku drugu reč (ne prejaku) da bi ustrajao u svojoj molbi. I tako nastupi još jedan zastoj u pregovorima. Gaja je mešao svoju kafu i čekao Mariovu saglasnost koju je očigledno morao dobiti. Mario je gledao ćelu predstavnika Vestermana, koji je ponovo pažljivo iščitavao ugovor nabijajući u njega svoj dugi, šiljati nos na kojem su podrhtavali cvikeri. Zašto li su ti cvikeri podrhtavali? Možda zato što je nos išao kroz ugovor od reči do reči, kako bi video da nije Mariova želja možda već uslišena. Nemčeva ćela, okrenuta ka njemu kao kakvo nemo i slepo lice bez nosa, bila je strašno ozbiljna, jer su joj nedostajali organi za smeh. Štaviše – crvena koža prošarana pokojom riđom vlasi – bila je tragična. „Na kraju krajeva", pomisli Mario, „strpeću se i čim budem dobio novac, moći ću da obznanim svoj uspeh. Biće to isto kao i da je knjiga već prevedena." I, pomiren s neizbežnim, lati se penkala koje mu je pozajmio Gaja da potpiše ugovor.

Gaja ga zadrža: „Prvo novac, pa onda potpis!" On je živo razgovarao s Vestermanovim predstavnikom koji odmah izvadi novčarku iz svog pozamašnog unutrašnjeg džepa, i gurnu u nju nos da bi izvukao listić koji je izgledao kao bankarski ček. Dade ga Gaji, počinivši grešku što ga je, pružajući mu ček, gledao u oči. Kad vas je dvoje i kad oboma preti nezadrživi napad smeha, onda treba izbegavati ukrštanje pogleda. Dve slabosti se sabiraju i grč smeha pobeđuje. Uštogljenost je, uostalom, bila dobra politika, ali je Gaja, osokoljen svojim dotadašnjim samosavlađivanjem, pomislio da je u stanju da se i dalje pretvara i odglumi još nešto, onaj bes koji je pokazao razgovarajući s Nemcem o nužnosti da isplata bude odmah. Ljudski organizam sposoban je za sve vrste pretvaranja, ali ne za više njih odjednom. Iz toga nastade takva slabost da je istog časa morao da se prepusti žestokom izlivu smeha koji ga umalo ne obori sa stolice, a odmah za njim, zaražen tim smehom, Vestermanov predstavnik stade da se trese u svojoj bundi. Smejali su se i u isto vreme na sav glas psovali na nemačkom. Mario je gledao, uzalud pokušavajući da se osmehne kako bi im se pridružio. A onda se oseti uvređenim što su se prema jednom takvom poslu odnosili na takav način. Ti špekulanti su oskrnavili plemenitost vina i knjige.

Napokon se Gaja pribrao i preduzeo korake da popravi stvar. Izvuče iz Nemčeve novčarke drugi listić, zaista sličan onom čeku, i promuca, smejući se i dalje, da mu umesto čeka Nemac umalo nije dao taj kupon, koji potiče s mesta pomenutog u sinoćnjem razgovoru, i gde je taj prasac išao svake večeri. Iako na takvim mestima nije bilo sličnih kupona. Ali Gaja je izgovorio prvo što mu je došlo u tom trenutku, i na njegovo veliko iznenađenje, Samiljiju je to bilo dovoljno: 'Kazna za neporočnost,' pomisli tad Gaja.

Mario se time zadovoljio samo zato što je jedva čekao da za tim stolom ponovo zavlada ozbiljnost, ali i da zaboravi taj neprijatan ispad. Navika pisca da briše rečenicu zbog koje se pokajao, navodi ga da s lakoćom prihvati kad neko drugi uradi to isto. On piše o stvarnosti, ali ume da odstrani sve ono što se u njegovu stvarnost ne uklapa. To je i ovde uradio. Pretvarao se, iz ljubaznosti, da gleda kupon koji je Gaja i dalje uporno držao podignut uvis. Tako se gleda u nekog neznanca koji nam se, na pločniku, na trenutak ispreči na putu pa ne možemo da nastavimo dalje.

I tako Mario potpisa dva primerka ugovora. Posle nekoliko dana, trebalo je da dobije nazad jedan primerak s potpisom izdavača. Dok se to ne dogodi, međutim, daju mu ček koji jednako vredi kao novac (kako mu je Gaja objasnio): menica firme Vesterman na određenu Banku u Beču, naplativa po viđenju na Mariov nalog.

Kada su izašli iz kafea, pre nego što će se rastati s Nemcem, Mario je poželeo da mu zahvali, i pokuša da ponovi na nemačkom reč zahvalnosti koju mu je predložio Gaja. Ali ga onda sâm Gaja prekinu: „Ma pusti to, ima i on svoju računicu." Hteo je da ostane nasamo s Mariom, i oprosti se s Nemcem, kome se izgleda takođe žurilo da se što pre izgubi.

„A sad," predloži Gaja, „idemo zajedno u Banku da naplatimo ovaj ček."

Mario nije imao ništa protiv, ali u tom trenutku sat na trgu otkuca podne. Gaji je bilo žao što je zakasnio pa nije mogao odmah da ode s Mariom u Banku koja se u to vreme zatvarala. „Hoćeš li da se nađemo u tri?" Oklevao je. Popodne je imao neki drugi dogovor i bilo bi mu žao da ga propusti. Bilo bi ružno da zbog jedne šale žrtvuje vlastiti interes. Onda bi i sâm postao žrtva te iste šale.

Mario se usprotivi kako ume da ode u Banku. Zar nije i on sâm, na nesreću, već toliko godina u trgovini? Posumnjao je da se Gaja pribojava za svoju proviziju, i odmah ga je razuverio. „Čim dobijem novac, doneću ti tvojih dve hiljade kruna."

„Nije reč o tome," reče Gaja, oklevajući i dalje. A onda, rešen, objasni: „Ne bi trebalo odmah da unovčiš taj ček. Zamolio me je Vestermanov predstavnik. On nosi njegov potpis, al' s današnjim poštanskim vezama, nije sigurno da će potvrda tog potpisa stići na vreme." Učini mu se da se Mario smrknuo, i dodade: „Ali nema mesta za strah. Ako pogledaš ček, videćeš da ga je potpisao Vestermanov opunomoćenik. Ti treba da ga predaš Banci dajući joj nalog da u slučaju odbijanja ne pokreće protest." Na kraju je izgledalo kao da se Gaja pokajao zbog svojih reči. „Sve ti ovo govorim pre svega da bih te poštedeo sekiracije. Čak i kad bi hteo, s obzirom na to kakva su vremena, Banka ti ne bi isplatila ovaj ček, i pored svih potpisa. I zato bi bilo bolje da ga predaš Banci da ga ona naplati. Meni se uopšte ne žuri da dobijem svoju proviziju. Uopšte ne brinem, kao da mi je već u džepu."

Mario je obećao da će se striktno pridržavati njegovih uputstava. Uostalom, i sam je već pomislio da to uradi. Sa čekom u džepu, i on je stekao status poslovnog čoveka. A Gaja je mogao da bude miran jer podvala neće uvući ni njega ni Marija ni u kakav sukob sa sudskim vlastima. Bilo je tu i uzvišenijih razloga koji su ga umirivali. Elem, verovao je da se u svim civilizovanim zemljama priznaje pravo na zbijanje šale.

A Mario je i dalje bio slep. Gajina uznemirenost jasno se videla, ali je on nije primetio jer ga je u tom trenutku mučila griža savesti. Griža savesti je specijalnost pisaca. Teško mu je padalo što je uvek potcenjivao Gaju a sad ima toliko koristi od njega. Dotad je to prijateljstvo podnosio samo iz poštovanja prema sećanjima na mladost, koja ljudi poput njega duboko poštuju. Zar ne bi trebalo da mu pokaže da se od tog dana promenila priroda njihovih odnosa? S druge strane, to baš i nije mogao odmah da uradi jer bi izgledalo kao da mu poručuje da za njegovu pomoć, pored provizije, hoće da mu plati i svojim prijateljstvom.

Ali Gaja je, sad već rasterećen svake brige, odjurio ne sačekavši zadocnele odluke pisca sviknutog da ih dugo preživa. Da bi raspršio sve oblake koji su se nadvili nad njegovim blaženim mislima, Mario odluči: „Kada mu budem dao proviziju, lepo ću ga poljubiti. Koštaće me truda, ali moram biti pravedan."

Nije Gaja baš sve predvideo. Pre svega, u Banku je otišao Brauer, na molbu Marija koji je morao da ostane u kancelariji. Brauer se savesno pridržavao dobijenih uputstava: predao je ček za naplatu, i naložio vraćanje bez podizanja protesta u slučaju odbijanja. Ali mu službenik, inače Brauerov prijatelj, dade savet da se obezbedi za kurs od tog dana i Brauer, već upoznat s neverovatnim promenama kursa u poslednje vreme, pomisli da je valjanost tog saveta toliko očigledna da ga odmah prihvati ne osetivši potrebu da traži ovlašćenje od Marija. Tako da je Mario, zajedno s priznanicom za ček, dobio i kupon u kojem Banka izjavljuje da je od njega kupila dvesta hiljada kruna po ceni od sedamdeset pet lira za sto kruna s rokom isplate do decembra. Mario presavi oba dokumenta i pažljivo ih odloži u ladicu. Ni Mario ni Brauer nisu primetili da su prodali nešto što možda nije ni postojalo. Brauer je bio ogorčen što se Vesterman nije smislio petnaestak dana ranije, jer je u odnosu na tadašnji kurs Mario izgubio pedeset hiljada lira. Mario je uz osmeh slegnuo ramenima: zakidanje na novčanom iznosu nije bilo važno budući da time nije zakinuto na uspehu.

Još nešto Gaja nije predvideo. Posle nekoliko dana, Brauer je saznao za izvesne finansijske poteškoće koje su dva brata imala, i nagovorio je Marija da prihvati pozajmicu od tri hiljade kruna, jer nije bilo u redu da se muči kad je onoliki novac već putovao na njegovu adresu. Mariju je taj novac bio dragocen. Kupio je puno stvari, i svaka od njih bila je opipljivi znak njegovog uspeha.

Nekoliko večeri zaredom dva brata su se odrekla čitanja da bi uživali u novom nameštaju koji je blistao među komadima onog starog i ofucanog, svedoka njihovog dolaska na ovaj svet. Napravili su čak i spisak stvari koje će kupiti kada Mariju bude isplaćen novac koji mu sleduje. Sve je tada bilo vrlo skupo, ali se Mariju činilo da je njegov novac bio veoma jeftin. Naravno, za njega je u međuvremenu, osim uspeha, i novac postao veoma važan.

VI

Tačno je bilo da čekanje ne stvara basne, ali u dugim danima koji su usledili i u kojima se ništa nije događalo, Mario je morao da prizna da ono ipak nije jednolično, jer nijedan od tih dana nije ličio na onaj koji mu je prethodio ili usledio. Evo priče o nekima od njih.

Brauer je više puta odlazio u Banku i, ne dobijajući očekivanu vest, hteo je da nagovori Marija da tefegrafiše kako bi što pre saznao sudbinu čeka. Ali Mario nije poslušao savet poslovnog čoveka, jer je mislio da je tu književna praksa odlučujuća. Znao je iz gorkog iskustva da je u književnosti opasno uznemiravati svoje pokrovitelje požurivanjem i zahtevima. Povremeno bi, posle dužeg ubeđivanja, pristao da skokne do Banke kako bi poslao tu depešu, ali bi ga onda u tome sprečila strašna slika razgnevljenog Vestermana koji bi mogao da shvati da mu taj roman zapravo i ne treba. Iako roba, roman je ipak drugačiji od sve ostale robe. Mario je mislio da će, ako sad izgubi tog kupca, morati da čeka narednih četrdeset godina da bi našao drugog.

Uostalom, čak i kad bi se odlučio da pošalje tu neučtivu poruku (učtivost u depešama previše košta), morao bi da dobije Gajinu saglasnost. Ali ovaj kao da je u zemlju propao. Sad kad se opet moglo nesmetano kretati, on se vratio obilasku svojih klijenata u susednoj Istri. Mario bi od ovog ili onog saznao da je viđen u Trstu, ali nije uspeo da ga nađe ni kod kuće ni u kancelariji.

Bio je to težak period. Beč nije slao novac, a nisu se javljivali ni Vesterman ni njegov obožavani i nakaradni kritičar. Nema spora da su ugovor i ček bili potpisani, ali ko zna da li je onaj užasni čovek u krznu tačno preneo Vestermanovu želju. Na kraju krajeva, ta spodoba koja je govorila samo nemački bila je samo prevod italijanskog Gaje. Dakle, može biti da je pogrešio.

Mario je imao izvesnog iskustva u poslovima, a imao je, mora se priznati, i izvesnog iskustva sa književnošću. Ono o čemu nije znao ama baš ništa, bili su poslovi u oblasti književnih proizvoda. Sam, dakle, nije mogao da otkrije podvalu. Da nije bila reč o književnosti, on više ni u snu ne bi prihvatio da jedan praktičan poslovni čovek, kakav je Vesterman svakako morao biti, nudi toliko novca za nešto što je mogao da dobije za mnogo manje pare, na primer za onu sićušu koju mu je pozajmio Brauer. Pošto je Mario taj iznos dugovao, on više nije hteo da prihvati da bi svoj roman ustupio i za džabe. No možda je to bilo uobičajeno u poslovima vezanim za književnost, a izdavač je posedovao i dobrotu mecene.

A Đulio je, iz svoje bezbrižne postelje, potpomogao raspršivanje Mariovih sumnji. Rekao je da je Vesterman, onako kako ga je on zamišljao, nesumnjivo čovek kome dvesta hiljada kruna gore ili dole sigurno ne znači ništa. Uostalom, kakvog smisla ima proveravati da li je izdavač negde pogrešio? Ako ga je prefrigani Gaja na to navukao, utoliko bolje.

Đuliova oštroumna razmišljanja bila su dovoljna da usreće Marija na nekoliko sati. Onda bi ga ponovo zahvatilo uzbuđenje od iščekivanja. Nalazio se u stanju koje je podsećalo na vreme odmah posle objavljivanja njegovog romana. I tada je iščekivanje uspeha – koji mu se u početku činio siguran koliko i sada ugovor sa Vestermanom – toliko zavladalo njegovim životom pretvorivši ga u nepodnošljivo mučenje čak i u sećanju. Ali tada, s obzirom na bujnost mladosti, iščekivanje nije remetilo njegov san i njegov apetit. I ma koliko da je verovao u svoj potpuni uspeh, sirotog Marija je iskustvo upravo učilo da se posle šezdesete godine više ne treba baviti književnošću, jer bi to moglo postati vrlo štetno po zdravlje.

Nikada nije posumnjao da je žrtva jedne sprdačine, ali je izvesno da je najistančaniji deo njegovog uma, onaj namenjen nadahnuću, nesvestan i nesposoban da se iz bilo kojeg razloga meša u ovozemaljske stvari, osim da im se smeje ili zbog njih plače, to ipak priznao. Basna koja sledi može se u nekom smislu smatrati i predskazanjem:

U jednu ulicu u predgrađu Trsta dolazilo je mnogo vrabaca koji su se veselo hranili svakojakim splačinama koje su u njoj nalazili. Onda se tu nastani jedan bogati gospodin, čije je najveće zadovoljstvo bilo da im ostavlja velike količine hleba. A splačine su beskorisno ležale na ulici. Posle nekoliko meseci (usred zime) bogati gospodin se preseli na onaj svet, i vrapci, od bogatih naslednika, nisu više dobili ni jednu jedinu mrvicu hleba. I tako, gotovo sve napuštene ptičice pomreše jer nisu umele da se vrate svojoj staroj navici. A u predgrađu su pokojnog gospodina veoma osuđivali.

Neko vreme, zahvaljući domišljatim idejama, Đulio je uspevao da zaštiti svoj san. Ali jedne večeri

Mario iznenada prekinu čitanje i pohita do rečnika da proveri upotrebu jedne reči. Nasilno vraćen s onog slatkog puta koji vodi ka snu, duž kojeg je upravo klizio, Đulio se u trenu razbudi tako da je mogao da se odbrani uobičajenim lukavstvom. Promrlja: „To za nemački prevod nije važno." Ali Mario, u čijoj je duši uspeh sve više rastao, mislio je da mora da se pripremi i za drugo italijansko izdanje, i ostade prikovan za rečnik. Štaviše, s dubokim uvažavanjem koje prema toj knjizi gaje svi dobri italijanski pisci, kad ga je već uzeo u ruke, pročita naglas čitavu jednu stranicu. A čitanje rečnika liči na jurnjavu automobila preko vresišta. Onda se desilo nešto još gore: na toj stranici, Mario je naišao na dokaz koji mu je potvrdio da je na jednom mestu u romanu pogrešno upotrebio pomoćni glagol. Greška koja je ostavljena potomstvu. Kakva tuga! Mario, uzbuđen, nije nikako mogao da nađe to mesto, i preklinjao je Đulija da mu pomogne.

Đulio shvati da je prošlo vreme kad su njegova lukavstva mogla da ga zaštite od te književnosti koja je sad postala zaista nepodnošljiva. Ali je bio uveren, iz dugogodišnjeg iskustva, da će Mario učiniti sve što ga zamoli za dobrobit njegovog zdravlja. Stoga je bio dirljivo iskren, ali pomalo osoran, kao uostalom i svako ko je iz sna vraćen u bolnu i dosadnu stvarnost.

Kazao je Mariju da je njemu sad vreme za spavanje. Ujutru ga je čekao onaj lek posle kojeg je morao da počine još dva sata pre nego što popije kafu. Ako se odmah ne bude primirio i zaspao, kako će izgledati naredni dan kad svi obroci budu ispomerani?

Marija preplavi osećaj besa, prilično drugačijeg od dobroćudne prostodušnosti s kojom bi pre samo nedelju dana primio neku uvredljivu Đuliovu primedbu. Smatrao je svojom dužnošću da se pretvara da ne haje i da sakrije da ga je to povredilo. Ponese knjigu i rečnik i izađe ne setivši se da zatvori vrata. Privid ravnodušnosti postignut je po cenu rasta ozleđenosti. Odlazeći iz sobe, pomisli: 'I njemu treba moj uspeh da bi me više poštovao'.

A Đulio, pored vrata koja su ostala otvorena, provede nemirnu noć. Zbog bure, lupkanju šalona u sobi pridružilo se i škripanje šarki na vratima hodnika. Bolesnik je imao utisak da je noć proveo u nekom rečniku koji je odzvanjao od bubnjanja reči poređanih po azbučnom redu, prerastajući u snažan krik, iznenađujući i neočekivan.

Naredne večeri, posle večere, Mario je ostao s bratom i, pošto je raspremio sto, udaljio se ne nagovestivši ni jednom jedinom rečju da je ozleđen. Čak je i pomogao bratu da se posluži. Imao je utisak da je svoju dužnost ispunio do kraja i da je bratu pružio sve ono što je morao da mu pruži. Ali je bio čvrsto rešen da ne uradi ništa više od toga. Đulio, dakle, neće rečnik koji je njemu neodložno trebao? Dobro, je l' hoće čitanje, e pa moraće sâm da čita. Shvatio je, bez imalo griže savesti, da je svojom nebrigom upropastio bratu noć. Pa šta? Da on možda nije bolje spavao, sa svim onim utvarama od Vestermana i njegovih predstavnika?

Ali Đulio je osećao neizdrživu potrebu da se pomiri. Ućutavši se, Mario mu više nije prenosio čak ni vesti iz čaršije, koje je Đulio čekao kao ozebao sunce. On jeste bio stariji, ali budući da je ovaj drugi bio uvređen, iz slabosti koja obično prati bolest, reši da on napravi prvi korak. U svojoj osami razmišljao je o tome čitav jedan dan, i možda je napravio tako veliku grešku baš zato što je razmišljao previše. Ili, pak, mnogo je verovatnije da posle tolikog razmišljanja, čovek na kraju previše jasno sagleda vlastito pravo ili vlastitu nesreću, što mu svakako ne pomaže da postane oprezniji.

Obrati se Mariju kao bratu, poveravajući mu šta je to njemu potrebno da bi živeo odnosno da bi se izlečio. Između ostalog, bilo mu je potrebno polagano čitanje, koje bi u sećanje prizivalo nežne slike i koje bi milovalo njegov napaćeni organizam. Zašto ne bi mogli da se vrate svojim starim autorima, De Amičisu i Fogacaru?

Neobična je tolika prostodušnost kod jednog nemoćnog bolesnika kome je lukavstvo bilo preka potreba. Zaboravio je dakle na srećan ishod svoje genijalne zamisli od pre nekoliko godina kada je predložio da zauvek batale De Amičisa i Fogacara i zamene ih bratovljevim delom? E da, za razliku od vrabaca, čovek će se, pritisnut nekom potrebom, izložiti svakakvim opasnostima samo da bi je zadovoljio.

Mario je morao da se suzdrži da ne poskoči kad je čuo da bi dva uspešna pisca mogla uskoro da ga istisnu i iz tog jedinog kutka na zemaljskom šaru koji je do tada bio samo njegov. Eto, baš u trenutku kad se čitav svet širom otvarao za njegov uspeh, on dobija poslednji udarac od onih koji su ga oduvek odbacivali. U tu svrhu poslužili su se oduzetom nogom ove budale od njegovog brata, koji se time konačno stavio na stranu njegovih neprijatelja.

Bilo mu je teško da glumi ravnodušnost, i njegov glas je podrhtavao od besa kada je saopštio bratu da mu već neko vreme čitanje pada teško, i da to više ne bi trebalo da radi ako hoće da sačuva grlo.

Đulio pretrnu od straha, jer odmah shvati kakvu je grešku napravio, i jasno nasluti šta mu Mario sprema. Bila mu je zastrašujuća i sâma pomisao da bi njegova usamljenost mogla da se produži i na one večernje sate kada su mu toplina i prisnost bile potrebne više nego književnost da bi utonuo u san. Hteo je, bez oklevanja, da ispravi svoju grešku: „Ako ti hoćeš, vratimo se tvom romanu. Ja se potpuno slažem. Hteo sam samo da izbegnem rečnik, čije se čitanje jako teško podnosi."

Jadni Đulio nije znao da postoji samo jedan način da se ublaži nehotična uvreda: da se pravi da je nije primetio i da se nada da je onaj drugi nije shvatio. Svako drugo objašnjenje isto je što i njeno utvrđivanje, ponavljanje.

I Mario se, do bola povređen, prodera: „Ali zar ti nisam rekao da je reč o mom grlu? Sasvim je svejedno da li je proza Fogacarova, De Amičisova ili moja!"

Bila je to preispoljna laž, ali Đulio nije bio promućuran da bi je otkrio. Reče krotko: „Ti znaš da ja tvoju prozu volim više nego sve druge. Zar je nisam tolike godine slušao svake večeri, iako je znam gotovo napamet. Samo što mi smetaju ispravke. Mi koji nismo književnici, volimo konačne stvari. Ako se u našem prisustvu promeni neka reč, mi posumnjamo u verodostojnost čitave stranice."

Bolesnik je pokazao znake izvesnog kritičkog talenta, ali u isto vreme i beskrajne lakovernosti. Terao je, znači, Marija da mu čita ono što je već znao napamet? Zar to nije bila vrhunska zamerka? Mariova srdžba provali, i pošto je sad oslobodio tu bujicu, ona ga još više preplavi kao što se obično događa s piscima za koje reč nije pražnjenje već nadražaj. Uzviknu, trudeći se da i u svoj glas unese sav mogući prezir: „Pa da, ti na spomen književnosti praviš onu istu grimasu s kojom gutaš salicilnu kiselinu. To je čak uvredljivo. Čovek može da se usredsredi na lečenje, ali sve ima svoje granice. Vlastiti život ne može biti toliko važan da njegovo produženje zaslužuje da se u klistir pretvore sve najuzvišenije stvari ovoga sveta."

Književnost je, na napad, odgovorila tako što je uvredila bolest. Duboko u sebi, Đulio je pokušao da nađe reči ali nije mogao da dođe ni do daha. Odlazeći, Mario je zatvorio vrata, ali je bolesnik ipak proveo besanu noć jer je najpre pokušao da ubedi sebe da nije on kriv što je bolestan, a to nije išlo lako, budući da je njegov lekar uporno tvrdio da je bolest posledica pogrešnog načina života i ishrane; a onda se ljutito zgražao nad Mariom koji je svojim prezirom prema lečenju na koje je bio prinuđen zapravo pokazao da priželjkuje njegovu smrt. Ipak nije čitavu noć proveo raspravljajući se s odsutnim bratom. Sagledao je bolje nego ikad svu besmislenost svog života. Sad mu je bilo sasvim jasno da time što živi on ne podvaljuje smrti, već životu koji nije želeo da zna za olupine poput njega, koje više ne služe ničemu. I to ga je duboko ražalostilo.

Mario oseti izvesnu zadršku pa i izvesnu grižu savesti, pre nego što dovrši svoju tiradu. Ali dovrši je, do poslednje reči, zaokruživši je onom prezrivom pljuvačinom po lečenju, kojem je klistir pripisao kao znamenje. Dovrši je iako je primetio da je Đuliov pogled, u slabosti koju je osećao, postao molećiv kad je shvatio da je napadnuta suština njegovog života. Ali Mario je stvarao. Otkrivši taj slikoviti klistir, oseti jednako zadovoljstvo kao da je stvorio basnu.

Malo kasnije, u samoći njegove sobe, Mariovo zadovoljstvo je splasnulo. Sve tvorevine jednom usahnu, i već mu se činilo da taj klistir i nije nešto naročito. Ipak je bio besan poput kakvog uvređenog Napoleona: i književnost ima svoje Napoleone. Zar Đuliova dužnost ne bi bila da mu pomogne u radu? I završi se tako što Mario poče da sažaljeva sebe. Svašta je morao da podnosi: a pored svega još i Đuliovu glupost i grižu savesti zato što ga je uvredio.

Međutim, uprkos tolikom besu, osećajući se mnogo nadmoćnijim u odnosu na bolesnika, i ne verujući baš sasvim u svoju krivicu, on bi rado otišao do Đulija i zamolio ga za oproštaj. Ali osećao je da same po sebi reči ne bi ništa popravile, budući da bi u sebi nesumnjivo nosile izvesno prebacivanje radi zaštite vlastitog dostojanstva. Treba mnogo više od reči da bi se zacelile rane nanete rečima. Jer tačno je bilo da Đuliov život ne zaslužuje da se živi, i onaj ko mu je to rekao, otkrio je istinu koja više nije mogla da se porekne ili zaboravi. Neizrečene stvari imaju manje očigledan život od onih koje se razotkriju rečima, ali kad jednom steknu taj život, one se ne mogu ublažiti samo drugim rečima. I Mario se smiri s namerom da ponovo uspostavi nekadašnje bliske odnose s bratom onda kada za njegov veliki uspeh budu znali svi. Tada će njegova reč nesumnjivo biti dovoljna da postigne svaki učinak.

Te namere se čvrsto držao, i nije primetio da bi bilo bolje da za mirenje s bolesnikom ne čeka dolazak usporenog Vestermana.

Đulio je stvarno patio. Čak i kad je Mario ponovo postao prijatan i razgovorljiv, on nije uspeo da zaboravi uvrede koje su mu nanete. Pre svega, nije bilo onih objašnjavanja i pravdanja od kojih naročito slabići (koji jako vole reči) očekuju razrešenje svih nesuglasica, a onda, nisu se vratili svojoj dragoj, staroj navici večernjeg čitanja. Plašio se, međutim, tih objašnjenja samo zato što je u onim ranijim pokazao toliku slabost. A da bi do objašnjenja došao, a da pri tom ne mora ništa da kaže, pade mu na pamet da reči zameni jednim odlučnim činom: upadljivo prestade da se leči, nadajući se da će Mario primetiti i da će mu biti žao. Mario, međutim, nije primetio ništa, možda zato što je to trajalo prekratko. Bolesniku je odmah bilo loše, te se prepadnut vratio svojim lekovima, koji su sad manje delovali. Kako može da deluje blagotvorno lek koji je bio toliko prezren?

I tako se Đulio, nesposoban za činjenje, vrati rečima, koje međutim posveti samo onom činu na koji se bio odvažio ali ga nije sproveo. Jedne večeri, s blagim pogledom i ne gledajući Marija u oči, reče prekidajući večeru da bi popio neke svoje praškove: „Kao što vidiš, ja se, eto, protiv svakog zdravog razuma i dalje lečim."

Mario, koji kao svi veliki ljudi (pošto se tako osećao) nije pridavao toliki značaj njihovoj svađi od koje nije ostalo ništa osim dobre prilike da se izbegne večernje čitanje, nađe se u čudu, i gromko obznani da Đulio ima obavezu da se leči kako bi ozdravio, kao da pre samo nekoliko dana nije još glasnije rekao nešto sasvim suprotno.

To nije bilo dovoljno da bi umirilo Đulija. Mario to nije primetio; samo se zabavljao posmatrajući Đulija kako guta prašak rastvoren u vodi, ličio je na kakvo jogunasto dete. Kao da je hteo da kaže: „Ja se lečim, ja imam pravo da se lečim, a imam i obavezu da to radim."

Čoveku od pera dovoljna je samo jedna kretnja da izgradi čitavu osobu sa udovima koji su joj potrebni da napravi tu kretnju, kao i svim drugim korisnim delovima tela. Gradi je, ali ne veruje u to, i voli je naročito ako može da veruje da je ona njegova uobrazilja koja ipak ume da se kreće u stvarnom svetu i da bude obasjana svakodnevnim suncem. A ako takva tvorevina već postoji, on i ne primećuje, jer to uopšte nije važno za njegovu zamisao. I da bi lice svog priviđenja na pravi način prilagodio tolikoj uzjogunjenosti, Mario zameni Đulija, za kog je mislio da se više čak i ne seća njegovih reči, mnogo jačom premda ništa manje bolesnom osobom, koja je polagala pravo na to da živi upavo takvim životom u svom toplom krevetu, kao i na pravo da joj se u tome pomogne lekovima, a i čitanjem, kao što je on to želeo. I Mario zavole vlastitu tvorevinu: tu slabost i to jogunstvo, i toliku predanost sudbini. Ta skica od lika bila je slika bednog života ispunjenog patnjom, ali još uvek kadra da brani svu tu bedu i patnju.

Nije nimalo lak posao da se grade umesto da se gledaju već postojeće stvari oko sebe. Ali bio je dovoljan da rasvetli njegove odnose sa bratom. Jer čim je stvorio taj lik, Mario se osvrnu oko sebe, kao što to rade pisci, da bi ga okružio osobama koje će ga istaći i među kojima će živeti. Naravno, pored brata, koga je po svom mišljenju tim ispravkama popravio, na prvom mestu je ugurao sebe. Ali kada je reč o sebi, ne greši se tako lako, i odmah se zaseca živo meso. Shvatio je da ima sreće što Đulio nije dorastao da mu sudi, jer se on, uspešan čovek, poneo tako da bi morao da se stidi. Zaista sramotno. Hteo je da povredi i uvredi jadnog bolesnika, koga mu je sudbina poverila, jer je sasvim bezazleno i jedan jedini put odbacio njegovo delo. On je već bio uspešan čovek. Osoba u kojoj je ambicija počela da se izobličuje u smešnu taštinu, i koji je mislio da uobičajeni zakoni pravde i ljudskosti ne važe za njega. Baci pogled iza sebe, u svoju najbližu prošlost, na svoj besprekoran, umeren život potpuno nesebično posvećen jednoj misli, i oseti zavist i žaljenje za njim.

S vremena na vreme, doduše samo na tren, javljala mu se ona misao koja ga je oplemenjivala. Uostalom, trajanje uzvišene misli u vremenu i prostoru nije važno, jer ako je postojala, ona ostaje, i nikada neće biti zaboravljena. Mario će, u budućnosti, naći u tome utehu i ponos. Uvek pre naslućena nego shvaćena, ta misao se razvila onda kad je strastvena želja za srećom koju donosi uspeh nije odmah odbacila i porekla. Jednog dana Mario oseti kako mu se steže srce shvativši da je uspeh uništio njegovu ljubav prema basni. Već danima nije napisao, a ni sanjao, ni jednu jedinu. Uspeh je vezao njegove misli za stari roman, koji je on sad proučavao kako bi ga preradio, ukrasio, puneći ga novim bojama, novim rečima. Uspeh je bio zlatna krletka. Vesterman mu je saopštio šta se od njega očekuje i on se spremao da dâ ono što se od njega traži i ništa više. A kasnije, kad je prevara otkrivena, on započe svoj povratak starom životu basnom u kojoj je pripovedao o ptičici umilnog glasa u krletki, koja se hvalila da slavi prirodu a nije umela da peva ni o čemu osim o čančetu s vodom i zdelici s prosom s kojima je živela. I beše njegova velika uteha što je bio spreman, a kasnije je i morao, da odbaci smešnu ideju o zasluženim pohvalama i divljenju, i da prihvati sudbinu koja mu je bila namenjena kao nešto ljudsko a ne nedostojno.

Ali pre toga, pa ni za vreme onih kratkotrajnih trenutaka prosvetljenja, nikad ne pomisli da bi se mogao uzdići dotle da odbaci uspeh koji mu se nudi. Uzalud je Epikurov glas, zatomljen velikom daljinom, pozivao: „Živi u senci". Težio je slavi kao svi oni koji veruju da je mogu dostići, i bio je bolestan od dugog, uzaludnog čekanja.

VII

Gaja je bio iznenađen i grizlo ga je što sâm Mario nije razglasio podvalu. On je nije širio da se ne bi izlagao previše, a uostalom i zato što je mislio da to neće biti potrebno. Štaviše, očekivao je da će stići u javnost zahvaljući nekom Mariovom prijatelju koji će je objaviti u nekim lokalnim novinama. Kakav je to Mario autor kad ne trči po gradu i ne priča svima o svom uspehu? Pošto je imao sve više posla, Gaja nije stizao da potraži Marija kako bi ga navukao na priču i onda se time naslađivao. A podvala čiji su plodovi toliko kasnili, za njega je uvek bila uzvišena, obećanje zasluženog uživanja.

Jedne večeri, po povratku s napornog putovanja u vagonu male, spore i stoga dugačke istarske železnice, zadržao se satima u jednoj krčmi gde je pio u društvu nekih prijatelja. I kao što je vino trebalo da mu pomogne da zaboravi zagušljivost vagona, tako ga je podsetilo na njegovu podvalu da bi mu skrenulo misli sa dosadnih poslova. Ispriča je pred svima, a onda mu sine ideja koja ga je očarala. Predloži da jedan od prisutnih koji je poznavao Samiljija ode kod njega i predloži mu da za račun nekog drugog nemačkog izdavača otkupi knjigu po ceni čak višoj od one koju mu je ponudio Vesterman, i s ugovorom koji bi obavezao izdavača da knjigu izda odmah. Valjao se od smeha zamišljajući Mariovo kajanje što se već dogovorio sa Vestermanom. Prisutni su zaključili da je ta šala više nego neslana i odbili da učestvuju, a Gaja je digao ruke tražeći od njih da mu obećaju da dvojici braće neće reći ništa od onoga što su te večeri pričali.

I o tome više nije razmišljao, što je za njega bilo najlakše. Prva podvala ga je već beskrajno zabavila i očekivao je da mu ona donese još uživanja, ako ništa drugo onda barem uživanje da prisustvuje Mariovoj patnji, a možda i onome što je on nazivao Mariovim izlečenjem od svake uobraženosti. Vešto se snašao da izbegne sva prebacivanja. Vestermanov predstavnik bio je običan trgovački putnik koji je trgovao u Trstu kada je Austrija pobeđena, zbog čega je bio osuđen na besposličenje i voljan da sarađuje u jednoj šaljivoj podvali. Već je bio daleko od Trsta, i Gaja bi mogao da tvrdi kako je i on bio izigran. Ostavljao je mogućnost da je Mario ipak dovoljno obdaren humorom da se i sâm nasmeje podvali. To nije bilo mnogo verovatno, jer ljudi koji vole slavu ne umeju da se smeju, ali da je Mario umeo da se izdigne tako visoko, uspeo bi da postane njegov dostojan drug, i da s njim pije u najvećem prijateljstvu.

Kako god bilo, ali on je u međuvremenu ipak napravio jednu veliku nepromišljenost. Jedan od onih prijatelja držao je jezik za zubima pred svima osim pred svojom porodicom, i njegov sinčić, koga je povremeno slao kod Samiljijevih da vidi kako su, prenese Đuliju u grubim crtama ono što je čuo. Ispriča kako je Gaja namagarčio Marija pošto ga je naveo da poveruje kako neki Đosterman, upravnik pozorišta, hoće po svaku cenu da postavi neku njegovu komediju. Sve je bilo do te mere pogrešno, da je Đulio najpre pomislio da je to nešto sasvim drugo i da nema nikakve veze sa Mariom.

I Mario se u prvom trenutku takođe smejao. Dva brata su upravo večerala zajedno i bilo je zapanjujuće kako Mario, posle prvih nekoliko zalogaja unetih sasvim mirno, odjednom, sam od sebe, bez ijedne jedine dodatne reči, oseti ni manje ni više nego da umire pošto je shvatio čitavu prevaru. Otkrio ju je s velikim iznenađenjem, al' se u isto vreme čudio što je morao da čeka na neku neodređenu reč upozorenja da bi je do kraja prozreo. Da li je namerno zatvorio oči da ne bi ništa video ni shvatio? Od samog početka je naslutio pravu prirodu one dvojice gospara s kojima je imao posla i mogao je da ih raskrinka još onda kad su se u njegovom prisustvu dvojica bestidnika zacenila od smeha. Zašto nije mislio, zašto nije gledao? Setio se još nečega: cvikeri na špicastom Nemčevom nosu podrhtavali su od zauzdavanog smeha; slično drmusanju motora u automobilu. Sad su Mariove misli bile tako brze i pronicljive da su otkrile nešto što su njegove oči jasno videle, ali što dotad još nisu bile prenele njegovom mozgu: onaj papirić izvađen iz Nemčeve novčarke, a koji je trebalo da opravda napad smeha kod one dvojice, bio je odštampan na gotici. Gotika, sva u pravim linijama i ćoškasta. U to je bio uveren, kao da ga sad gleda. Znači da nije mogao biti iz nekog tršćanskog bordela. Lažljivci! I to lažljivci koji su sav svoj prezir prema njemu pokazali time što se nisu čak potrudili ni da povedu računa.

Ako je nasamaren, zaslužio je bilo koju kaznu. I hteo je odmah da se kazni, ugrizavši se snažno za usnu. Ali sva ta vidovitost bila je ipak propraćena sumnjom. Još jedan dokaz vlastite nepopravljive gluposti? Siroti Mario! Ma kako da je nešto očigledno, kad nanosi toliki bol, čovek ga ne može prihvatiti a da prethodno ne pokuša da ga prekrije mutnim velom. Svako se bori protiv sudbine kako ume, a Mario je pokušao da je zaustavi govoreći sebi da ne treba priznati da je reč o podvali dogod se ne otkrije njena svrha. Smeha radi? Ali to je zadovoljstvo koje žrtva ne razume.

Pokušao je ipak da se oslobodi sumnje ne zato što mu je izgledala neosnovana već zato što mu se činilo da doprinosi njegovom rastrojstvu i povećava njegov bol. Hteo je da barem noć provede u izvesnosti. I nije bilo drugog načina da do nje dođe osim da se posveti razmišljanju. Napolju je duvala bura, uz hučanje i zavijanje, te čak i da ona nije bila dovoljna da zaustavi Marija, postojao je još jedan razlog, nemogućnost da dođe do Gaje koji je, naročito noću, bio neuhvatljiv.

A za to vreme valjalo je saznati šta je tačno rekao onaj dečak, njihov prijatelj. I stoga započe detaljno ispitivanje jednog Đulija koji se tih reči nije sećao jer im nije pridao veliku važnost. Bolesnik nije mogao da podnese Mariov smrknut pogled. Već je bio dovoljno propatio shvativši šta se upravo događalo njegovom bratu, tu, pred njim, ali sad je patio još više u strahu da će mu ponovo prebaciti zbog njegove slabosti, njegovog života. Na kraju se nekoliko suza skotrlja niz njegove upale obraze.

Videvši taj znak patnje kod svog brata, Mario se još više onespokoji. Žaliti zbog podvale na takav način značilo je priznati poraz i pridati joj veliku važnost. Prodra se: „Zašto plačeš? Zar ne vidiš da ja, koga sve ovo neposredno pogađa, suzu nisam pustio? I nikada me nećeš videti da zaplačem. Al' se nadam da ću naterati Gaju da sve suze isplače ako me je stvarno namagarčio.“

Nije mogao da podnese Đulijevu slabost. Ostavi večeru i pošto je kratko pozdravo Đulija (na koga je zapravo bio kivan jer se nije dobro sećao šta je onaj dečak, njihov prijatelj, rekao), povuče se u svoju sobu.

Kad je ostao sam, učini mu se da je siguran i da je konačno odagnao i poslednju sumnju. Svrha podvale bila je ista kao kod svih drugih koje je Gaja posejao po Istri i Dalmaciji, i kojima se, sad se sećao, i sâm Mario od srca smejao. Da, da! Šale su za smejanje, i to je to! Smejali su se svi koji nisu morali da plaču. I prisećajući se toga, Mario briznu u plač kako i valja po zakonima šale.

I onako obučen, baci se na krevet. Neprestano je čuo smeh u koji su pred njim prsnula ona dvojica zaverenika. Odzvanjao je kroz razuzdano fijukanje bure, i sve više rastao. Povredio je sve snove koji su ulepšali njegov život. Ako je Gaja to hteo, na trenutak je postigao cilj: Mario se postideo svojih snova. Ma kako grubo i prostački bila izvedena, ova šala nije mogla da propadne. Komendijaš ju je pre toga oštroumno pripremio, i nije morao da je nadgleda. On ga je vrebao, i ponudio mu je ugovor koji nije bio izmišljen već brižljivo prepisan iz njegove glave. Zar on nije čekao tako nešto gotovo pola veka? A kad mu je bio ponuđen, nije se iznenadio, niti je bio sumnjičav. Nije čak ni pogledao u oči one koji su mu ga doneli. To mu je pripadalo, a kako je do njega stiglo, nije bilo važno. Bio je dakle namagarčen kao u davna vremena rogonje i budale, oni koji takvu zaslužuju.

Šala ga je baš zato i pekla, a ne zbog gubitka obećanog novca. Ni na trenutak nije pomislio na dug koji je imao prema Braueru u svetlu otkrivene prevare. Pre svega, kupljeni predmeti stajali su još netaknuti u kući, a onda, čovek nema predstavu kakve sve obaveze može da ispuni ako postoji iskrena želja. Novac nije bio važan. Ali ga je razdiralo uverenje da je nepovratno izgubio smisao života. Nikada više neće moći da se vrati u ono stanje u kojem je uvek živeo, hraneći se uobičajenim splačinama začinjenim tim uzvišenim snom koji je duboko utisnuo osmeh na njegove usne.

Pridev „namagarčen" najbolje ide uz žrtvu šale koja živi u u jednom gradu koji nije dovoljno veliki da bi mogla bezbedno, odnosno kao neznanac, šetati njegovim ulicama. Svaka njegova poznata slabost prati ga po ulicama zajedno s njegovom senkom. Ljudi iz istog društvenog miljea međusobno se znaju i svako gura prst u rane svoga bližnjeg. Svako od nas ima svoju sudbinu na ovoj zemlji, ali kada je poznata svima, samo zbog jednog susreta, jednog pogleda, ona postaje teža. Nikada se više neće osloboditi ove podvale. Kao što nikada nije uspeo da zaboravi kako ga je jedna žena ismejala, pošto ga je odbila. I posle tolikih godina, ona nije mogla da savlada podrugljiv osmeh kad god bi ga srela. S nepristrasnošću čoveka od pera, Mario se priseti da je i on za neke druge bio hodajuća kazna, jer bilo je u gradu onih koji bi se uznemirili samo kad bi ga videli. Onako dobar, on je pokušao da izgladi te odnose, ali u tome nije uspeo, između ostalog i zato što se takve neprijatne situacije objašnjenjima ne otklanjaju već samo pogoršavaju. On nikada nije pravio neslane šale, ali život je umeo da smisli i surovije od Gajinih, i bilo je dovoljno samo znati za to pa da te žrtve smatraju najgorim neprijateljem.

Noć bi bila jeziva da nisu basne pritrčale u pomoć da je ublaže. Došle su bezazlene, kao da ih se uopšte ne tiče pustolovina s Vestermanom, istog trena su nesmetano puštene u tu sobu. Zaslužile su takav prijem.

67

One su bile potpuno čiste, neukaljanje podsmehom. Niko nije vrebao na njih. Bile su još čistije zato što su i za samog Marija uvek bile ako ne njegov dodatak onda svojevrsni vid osmeha i života. Gaja nije predvideo da Marija može izlečiti od jedne vrste književnosti ali ne i od čitave književnosti.

Plemenitih spasiteljki bilo je tri i držale su se za ruke, ali svaka mu se otkrila zasebno, da ga u odgovarajućem trenutku teši i vodi.

Evo kako se prikazala prva: Mario se ježio od pomisli da možda neće umeti da bude dovoljno odvažan da kazni Gaju, ne zato što ga se plašio, već zato što neće umeti da mu priđe i suoči se s njegovim zasluženim podsmehom. Jedna ptičica kraj njega šaputala mu je: „I slabost ima svoju utehu." I nastala je basna:

Jednu ptičicu je zadavio kobac. Imala je tek toliko vremena da ispusti svoj glas pobune, tek jedan snažan, veoma glasan krik ogorčenja. Ptičici se učini da je tako ispunila svoju dužnost, i njena majušna duša oseti ponos i vinu se uzvišena ka suncu da bi se izgubila u plavetnilu neba.

Kakva uteha! Mario je zastao da se divi tom plavetnilu kojem duša ptičice pripada kao naša raju.

Druga je došla da jednim osmehom ispravi njegov glasno izgovoren naum da se više nikada ne bavi književnošću. Prilično je kasno stigao taj naum. I Mario se tome smejao kao da je neko bezazleno stvorenjce pored njega napravilo istu grešku:

Jedna ptičica je bila ranjena iz puške. Njene poslednje snage bile su usmerene na to da odleti s mesta na kojem je pogođena uz toliki prasak. Uspela je da se zavuče u senovitost šume gde je izdahnula promrmljavši: „Spasena sam."

A treća je rasvetlila drugu. Jer lako je kriti svoju književnost. Dovoljno je čuvati se laskavaca i izdavača. Ali odustati od nje? I kako se onda živi? Sledeća tragedija ga je ohrabrila da ne uradi ono što bi Gaja želeo:

Jedna ptičica obnevidela od gladi uhvatila se u klopku. Stavljena je u malu krletku u kojoj nije mogla ni da raširi krila. Strašno se mučila, sve dok jednog dana krletka nije ostala otvorena i ona nije izletela na slobodu. Ali nije dugo u njoj uživala. Pošto je poučena iskustvom postala previše nepoverljiva, gdegod bi videla hranu posumnjala bi da je klopka, i bežala. Stoga je za vrlo kratko vreme uginula od gladi.

I tako, dobivši utehu od te tri ptičice, koje su sve uginule, Mario je mogao mirno da se prepusti snu. Ali utom primeti da u njegovoj sobi nedostaje nešto na šta je bio navikao: bratovljevo hrkanje. Zar Đulio još ne spava? U to doba! To bi bilo vrlo ozbiljno.

Na vrhovima prstiju priđe vratima druge sobe. Svetlo je bilo ugašeno, ali Đulio ga je, još budan, čuo i zamolio da uđe.

Kada je Mario upalio lampu, Đulio ga pogleda zabrinuto, i iz straha da bi mogao dobiti još grdnje, priznade šta ga muči: „Nikako da se smirim što sam ti dodatno otežao muku jer nisam mogao da se setim šta je tačno rekao onaj momčić."

„I ti zbog toga ne spavaš?" uzviknu Mario duboko potresen. „Oh, ne, molim te. Moraš da spavaš, odmah. Sad znam zašto ni ja nisam mogao da zaspim. Da bih se opustio moram da te čujem da spavaš. Hajde, smiri se. Pričaćemo o tome sutra..." I spremi se da ugasi svetlo.

Đulio nije mogao da veruje svojim ušima da tolika nežnost preplavljuje njegovu postelju. I poželeo je da još malo u njoj uživa. Ne dade Mariju da ugasi svetlo. „Smirio si se malo. Zašto mi sad ne bi čitao? Je l' ti je prošlo grlo? Ja ne spavam dobro otkad više nema čitanja pred spavanje."

I Mario, sasvim dobronamerno, jer je zaboravio u kakvom je stanju bio kad mu se uspeh smešio siguran i nadomak ruke, uzviknu: „Nisam znao za to, inače bih ti čitao svake večeri koliko god treba, pa i više od toga. S grlom nije bilo ništa ozbiljno, prošlo me je. Ako hoćeš, čitaću ti De Amičisa i Fogacara. Tako ćeš brzo zaspati."

Ova poslednja rečenica mogla je odati utisak da je šala već tad bila zaboravljena. Da je Gaja bio prisutan pomislio bi, razočaran, da je s jednim takvim uobraženkom svaka šala beskorisna. A u stvari, za Marija, u tom času, književnost uopšte nije postojala. Postojao je samo bolesni brat, kome je trebalo dati onoliko književnosti koliko mu je bilo potrebno. I pomirio se sa sudbinom da svoju ili tuđu književnost spusti na nivo klistira.

Ali te večeri nije hteo da čita. Bilo je kasno, i morao je da odspava bar nekoliko sati. Trebalo je da pred Gaju stane smiren i odmoran. I umesto književnosti, darovao je Đulija novim talasom ljubavi. Ponašao se prema njemu majčinski, s autoritetom i beskrajnom nežnošću, uz naredbe i obećanja. Rekao mu je da sad mora da spava, ali da će se naredne večeri zajedno vratiti svom slatkom starom običaju. Čitaće mu i dela drugih autora, ali i neke svoje stvari o kojima mu nikad nije pričao i koje mu sad otkriva. Brojne basne prikupljene u najstrožoj samoći. Niko drugi nije smeo da posumnja da postoje. Bila je to svojevrsna kućna književnost, nastala u dvorištu i predodređena za tu sobu. Štaviše, nije uopšte bila književnost, jer književnost je nešto što se prodaje i kupuje. Ovo je bilo za njih dvojicu i ni za koga više. „Videćeš, videćeš. Kratke su, i zato nisu dobre za uspavljivanje. Ali dok ti ih budem čitao, pričaću ti kako su nastale, jer svaka od njih seća na jedan moj dan, ili još bolje, na ispravku mog dana. Treba da se pokajem za sve ono što sam učinio, ali videćeš da su moje misli bile opreznije od mojih postupaka."

Ubrzo zatim Đulio je zahrkao, a malo kasnije, blažen zbog svog uspeha s bratom, i sam Mario uroni u san. A kao pratnja žestokom fijukanju bure pridružili su se Đulijevi ravnomerni zvuci, a ubrzo i pokoji glasan uzvik Marija koji je, u snu, i dalje bio ubeđen da zaslužuje nešto drugo, da zaslužuje bolje. Neslana šala nije mogla da promeni njegov san.

VIII

Ali rano sledećeg jutra, on je ustao i ponovo se suočio sa svojim bolom i svojim besom. Svet, kojim je i dalje besnela bura pod namrgođenim nebom, izgledao mu je prilično tužan, budući lišen Vestermanovog prisustva. Brat je još spavao. Priđe njegovim vratima. Mario se zadovoljno osmehnu pošto je primetio da je tokom dugog okrepljujućeg sna spavačevo disanje postalo manje bučno. Pomisli glasno: „Odmah ti se vraćam, svim srcem, tebi koji me voliš."

Boreći se sa burom, uputi se pravo u Gajin stan, koji se nalazi u jednoj od ulica paralelnih sa Kanalom, u to vreme još uvek pustih. Krenuo je čak da se penje uz stepenice, ali onda se predomisli i vrati se na ulicu. Takva objašnjenja nisu smela da imaju svedoke. Trebalo je sve obaviti tako da se podvala – ako je stvarno bila reč o podvali – ne pročuje. Za sad će čekati Gaju na ulici a onda će ga, ako bude trebalo, nagovoriti da pođe s njim na neko mesto gde bi ga mogao kazniti. Kako su izgledala mesta na kojima možete nekog kazniti, a da pri tom ne ostavite rđav utisak? Mario nije znao. Ali, kao teoretičar kakav je bio, činilo mu se da je sve već predvideo. Važno je bilo da nađe Gaju.

Na kraju mu se posreći. Kad je već počeo da oseća neizdrživu hladnoću, ugleda kako se pojavljuje trgovački putnik, sav u žurbi. Došavši kući kasno kao i obično, čekao je u krevetu poslednji trenutak da bi ustao i na vreme stigao na posao.

Mario, kome su sad cvokotali zubi (ni sam nije znao da li od hladnoće ili od uzbuđenja), odlučno mu pođe u susret premećući po glavi dovoljno blage reči kojima bi tražio objašnjenje. Ali je Gaja na nesreću bio prilično rastrojen, možda zato što je žurio. Ni ne pozdravivši se, upita ga: „Ima li vesti od Vestermana?"

Reči pripremane s toliko brižljivosti ispariše, i Mario ne nađe druge. Čitavo njegovo telo bilo je poput luka koji se u dugim satima nestrpljivog čekanja sve vreme polako zatezao dok nije došao do krajnje granice izdržljivosti. Planu: zamahnu i nadlanicom zavali Gaji posred lica takvu šamarčinu za kakvu nije verovao da su njegova šaka i njegova ruka uopšte bile sposobne, budući da već dugo godina nisu znale ni za kakav nasilan pokret. Udarac je bio tako jak da su i njega zaboleli pesnica i ruka, i umalo ne izgubi ravnotežu.

Gajin šešir je odleteo na buri koja ga je podigla visoko uvis. Valja znati da je šešir, naročito kad duva ledena bura, veoma važan predmet, i Gaja se tu izgubi i ne stiže da odgovori, pošto je pogledom pratio svoj šešir, neodlučan da li da potrči za njim. To mu je na trenutak dalo izraz ravnodušnosti, koji prenu Marija. Možda je pogrešio. Možda Vesterman ipak postoji. Našta će onda on ličiti? Bio je to trenutak ispunjen teskobom i strahovitom nadom. Njegov pogled je i dalje bio preteći, iako je razmišljao o tome da će možda već sledećeg trenutka morati da se baci Gaji pred noge.

Za to vreme Gajin šešir, pošto je pao na zemlju, nestade kotrljajući se po pločnicima odmah iza prvog ugla. Kretao se prema Kanalu, u svoju sigurnu propast, i Gaja shvati da ga više neće uhvatiti. Priđe Mariju, od koga ga je odbacila šamarčina, i Mario preblede kada je shvatio da hoće da razgovara a ne da mu vrati. Kod svih inteligentnih životinja primećuje se da jak fizički bol poput ovog koji je izazvan kod Gaje, podstiče snažan osećaj pretprljene nepravde. I u tom trenutku, da bi mogao da se pobuni, priznade: „Zašto? Zbog jedne bezazlene šale.“

I tako Mario, u očaju, ali i s olakšanjem, saznade da Vesterman stvarno ne postoji. Prethodnu šamarčinu odmah zapečati drugom. I time bi se zadovoljio, da je njegova krotka duša mogla da se umeša. Ali, za nekog ko nije vičan, teško je prekinuti s batinama kad se tome prepusti svom žestinom. I tako je po glavi jednog trgovačkog putnika pljuštala kiša novih snažnih udaraca, koje je Mario zadavao obema rukama, jer sad je već levica morala da pomogne desnici koja je bila gotovo oduzeta od bola.

Tek tad Gaja shvati da će morati da pruži otpor, jer u suprotnom nije mogao znati kada će se Mario zaustaviti. Primače se preteći Mariju, ali je bio toliko slab da ga novi udarac stiže posred lica iako je na vreme pokušao da se zakloni. Uplaši ga i Mariov promukao krik za koji pomisli da je znak nadljudskog besa. A u stvari ga je iz Mariovog grla istrgnuo bol iščašene ruke. Gajin nos je krvario i, pod izgovorom da stavlja maramicu na njega, jadni komendijaš se odmaknu na korak od Marija.

To baš nije bilo pravo mesto za kažnjavanje, ali Mario nije primetio. Jedna seljanka, punačka i sva umotana, s korpom na ruci, zastade da ih posmatra. Gaja oseti stid između ostalog i zato što je Mario napokon povratio moć govora i dovikivao mu je najstrašnije pogrde: „Pijanduro, bestidniče, lažovčino.“ Htede da nađe neki muški izraz, ali nije uspeo jer mu je bilo loše, jako loše, a i zabrinuo se. Znao je sasvim pouzdano da je dobio udarce u glavu, ali mu nije bilo jasno zašto ga boli kuk. Da ga je bolela glava ne bi se brinuo. Dahćući, reče Mariju: „Nemoj da se ponašamo kao prostaci. Ja ti u potpunosti stojim na raspolaganju."

„Ti ćeš da mi pričaš o finoći, ti?" zaurla Mario. „Zar ne osećaš čak ni stid zbog dobijenih šamara?". I tu Mario najzad nađe načina da izgovori reči s kojima je hteo da započne objašnjavanje: „Ne zaboravi, ako ti budeš razglasio ovu podvalu koju si se drznuo da mi priediš, ja ću svima obznaniti šta se ovde dogodilo i ponoviću postupak kroz koji si upravo prošao, al' će onda biti i šutiranja." To ga podseti da na ovom svetu postoji i šutiranje što odmah sprovede u delo nad sirotim Gajom.

A ovaj, ponavljajući uporno da je on na Mariovom raspolaganju, i držeći maramicu preko pola lica, povuče se prema svojoj kući, s pretnjom u očima ali potpuno nemoćnog i malaksalog tela. Mario nije pošao za njim i, duboko zgađen, okrenu mu leđa.

Osećao se bolje, mnogo bolje. Moralne pobede, nema nikakve sumnje, veoma su važne, ali je i pobeda mišića jednako zdrava. Srce dobije talas nove vere kroz venu u kojoj kuca, povrati se i ojača.

Uputi se prema kancelariji. Bura je tako snažno duvala da je pred mostom na Kanalu morao da zastane i skupi svu snagu da bi prešao preko njega. I tako ugleda predstavu koja ga zaista razveseli. Na vodi je, prema pučini, i to prilično brzo, plovio Gajin šešir. U stvari jedrio. Jedro je činio komadić oboda koji je virio iz vode i hvatao vetar.

Zatim se muški suoči s neprijatnim trenutkom kada je trebalo da kaže Braueru o podvali. Bilo je vrlo lako. Brauer je slušao ne trepćući. Nije uopšte bio iznenađen jer se sećao svoje iznenađenosti kad je saznao da se za jedan roman nudi tako visok iznos. Zapljeska kad je čuo za prvu šamarčinu udarenu Gaji a, kod druge, čvrsto zagrli Maria.

Zatim se dogodi nešto neočekivano. Otkriće: i najpraktičnijim ljudima dešava se da izbliza prate razvoj stvari, da ih savršeno poznaju od samog početka, i da se na kraju zaprepaste kad se nađu pred ishodom koji je mogao da se predvidi, da je samo bačeno na papir nekoliko brojki. To je zato što neke činjenice proguta crna noć kada neke druge pored njih blistaju svetlošću zaslepljujućeg sjaja. Dotad je sva svetlost bila usmerena na roman, koji je sad propadao u mrak; i Brauer se tek onda setio da je za Mariov račun prodao dvesta hiljada kruna po kursu od sedamdeset pet. Ali austrijski kurs, poslednjih dana, toliko je pao da je, zahvaljujući toj transakciji, Mario na kraju zaradio sedamdeset hiljada lira, tačno polovinu od onoga što bi dobio da je ugovor s Vestermanom bio zaista zaključen.

Mario najpre uzviknu: „Ja taj prljavi novac neću“. Ali Brauer se začudi i rasrdi. Piscu je možda pripadalo pravo da u svetu trgovine piše pisma, ali ne da sudi o dobrom poslu. Ako odbije taj novac, Mario će pokazati da nije dostojan bilo kakve dalje saradnje u poslu.

Pošto je podigao taj veliki iznos, čak je i Mario osećao bezgranično divljenje. Čudan je ljudski život, i tajanstven: s poslom koji je Mario nesvesno napravo, počela su iznenađenja posleratnog perioda. Vrednosti su se menjale bez ikakvog pravila, i mnogi nedužni poput Marija bili su nagrađeni za svoju nedužnost ili su, zbog svoje nedužnosti, bili upropašćeni; sve te stvari su oduvek bile poznate, ali su sad izgledale kao nešto sasvim novo jer su se događale u takvim razmerama da su bezmalo mogle biti i životno pravilo. I Mario, zbog onog novca koji je osećao u džepu, stade zadivljeno da posmatra i proučava tu pojavu. Zbunjen, mrmljao je: „Lakše je razumeti život vrabaca nego naš." Ko zna, možda i vrapcima naš život izgleda toliko jednostavan da pomisle da ga mogu svesti na basne."

Brauer reče: „Ona mrcina od Gaje, kad je već smislio sličnu prevaru, trebalo je da uđe s iznosom od najmanje petsto hiljada kruna. Onda bi ti imao u džepu toliko mnogo kruna da bi ti bile dovoljne do kraja života."

Mario se usprotivi: „Ali ja onda ne bih naseo. Nikad ne bih prihvatio da neko za moj roman hoće toliko da plati." Brauer je ćutao.

„Samo da ova moja neočekivana sreća ne razotkrije podvalu na koju sam naseo," požele Mario zabrinuto.

Brauer ga razuveri. Niko neće saznati jer niko u Banci nije znao poreklo te transakcije. Ni Gaja, ustvari, nije saznao za to; inače bi, u suprotnom, s pravom tražio svojih pet odsto provizije.

Novac je braći bio veoma koristan. S obzirom na skromnost njihovih navika, za dugi niz godina, ako ne i zauvek, obezbedio im je lakši život. A grimasu koju je napravio dok je podizao, Mario nije ponovio kad ga je trošio. Katkad mu se čak činilo da ga je dobio – izuzetno vredna nagrada – na temelju svog književnog dela. Međutim, njegov um naviknut da se iskazuje u vrlo preciznim rečima, nije dozvolio da bude zavaran onoliko koliko bi bilo potrebno za njegovu sreću.

To dokazuje sledeća basna, kojom je Mario pokušao da oplemeni svoj novac:

Lastavica reče vrapcu: 'Ti si jedno bedno stvorenje, jer se hraniš splačinama koje skupljaš po zemlji.' Vrabac odgovori: 'Splačine koje hrane moj let, uzdižu se sa mnom.'

77

A zatim, da bi još bolje odbranio vrapca s kojim se poistovetio, Mario mu napisa još jedan odgovor:

'Povlastica je znati hraniti se i stvarima koje leže na zemlji. Ti koja nemaš tu povlasticu, osuđena si na večno bežanje.'

Basna izgleda nije htela da se tu završi, jer mnogo kasnije, drugim mastilom, Mario je ponovo dao reč vrapcu:

'Jedeš leteći, jer ne umeš da hodaš.'

Mario je sebe skromno uvrstio u životinje koje hodaju, vrlo korisne životinjice koje uistinu mogu prezirati one kojima je uživanje u letenju oduzelo svaku želju za daljim napredovanjem.

I tu nije bio kraj. Čini se, štaviše, da je o toj basni razmišljao svaki put kad bi osetio koliko je dobro što raspolaže tolikim novcem. Jednog dana se ni manje ni više nego naljuti na lastavicu, koja je pak samo jedan jedini put otvorila kljun:

'Usuđuješ se da kudiš jedno stvorenje jer nije kao ti?'

Tako je govorio vrapčić sa svojim maleckim mozgom. Ali kad bi se sve životinje obavezale da gledaju svoja posla i da ne nameću svoje sklonosti pa čak i svoje delove tela drugima, na ovom svetu više ne bi bilo basni; a nema ni govora da je Mario hteo baš to.

Trst, 14. oktobar 1926

ITALO ZVEVO, U ŠALI

Najpoznatije Zvevovo delo jeste roman *Zenova svest*. Kao što je italijanski izraz *consienza* dvosmislen, i podjednako znači *svest* i *savest*, ni sam roman nije bez svojih dvosmislenosti. Reč je zapravo o ispovedanjima izvesnog junaka koji odlazi kod psihoanalitičara da bi se odvikao od pušenja. Kad je roman prvi put objavljen, oni koji su morali nešto da kažu, govorili su da je stvar beznačajna, da je junak beznačajan i da, ukratko, nema ničeg vrednog i trajnog u Zvevovoj prozi. Na jedno su ipak pristajali: prisustvo nekog osobenog humora. Ta humorna žica se može otkrivati kao više ili manje prisutna i u drugim Zvevovim knjigama. U romanima *Jedan život*, *Senilnost*, kao i u pregršti kratkih priča. Odblesak istog humora vidljiv je i ovde, u *Neslanoj šali*.

Osvrnemo li se i na sam život Itala Zveva, mogli bismo da zaključimo da je i on bio neka vrsta produžene šale. Pravim imenom Aron Etore (ili Hektor) Šmic, kada je počeo da piše izabrao je pseudonim Italo Zvevo, što znači „Italijan Švaba", i ukazuje na njegovo mešano poreklo. Majka mu je od Moravijinih, čuvene rimske jevrejske familije. Otac je nemačkog porekla, od austrijske loze. Rođen je 1861. godine u Trstu, ali je škole učio u Nemačkoj. Otac mu je bankrotirao, a on je napustio školovanje i počeo da radi u jednoj od tršćanskih banaka. Iako je sebe već video kao pisca, u banci je radio bezmalo sledećih dvadeset godina. Tim poslom bio je nadahnut njegov prvi roman, *Jedan život*. I taj prvi, kao i sve ostale svoje romane, i knjige, on sam je finansirao. I nijedan nije bio prihvaćen ni u kritici ni među čitaocima. Pošto je objavio drugi roman, *Senilnost*, čiji protagonista već u mladosti pati od osećaja prerane senilnosti, zaćutao je sledećih dvadeset i pet godina. Niko ga nije ni prihvatao ni cenio, pa čak ni znao za njega. Tako sve do pojave Džejmsa Džojsa u Trstu, 1907, koji će prvi uočiti vrednost Zvevovog književnog eksperimenta, i biti podsticaj samom Zvevu da nastavi sa pisanjem. Kasnije će se Džojsu pridružiti još samo pesnik Euđenio Montale, ali ništa više nije pomagalo da se Zvevo sagleda kao ono što doista jeste: prvi moderni italijanski romanopisac, i koji je među prvima uključio psihoanalizu u svoje književne projekte (čak je počeo sa sestrićem, doktorom, da prevodi Frojdovo *Tumačenje snova*). Bez obzira što se pokazao kao prilično dobar poslovni čovek, njegov život lišen istinske afirmacije završio se baš kao u nekoj od njegovih priča. Zvevo je stradao 1928. godine u automobilskoj nesreći, kad automobila jedva da je i bilo: ali, nije umro baš od sudara, nego mu je nekoliko dana potom srce naprosto otkazalo.

I ovaj kratki roman, okončan takoreći uoči piščeve smrti, svedočeći o Zvevovom proznom majstorstvu, može biti uzet kao još jedan umetnički poduhvat koji otkriva, u gorčini izvesne šale i toplini ljudskih odnosa, istine duboko skrivene u nama. *Neslana šala* ironičan je opis iluzije, samoobmanjivanja, u svetu koji ne ceni nikakve sanjarije. Sudbina nepraktičnosti u praktičnom svetu. Kao što kaže engleski pisac Tim Parks, to je divna komedija u kojoj raznolike, maltene neverovatne okolnosti pomažu dovitljivosti kreativnog duha u njegovom očajničkom naporu da iznova izgradi svoje samopoštovanje i dostojanstvo. Ulovljen u fantaziju o uspehu i slavi, postariji, neuspešan pisac, Mario Samilji, čak zanemarujući svog voljenog brata invalida, kao plen šale, odjednom je bačen na put koji vodi jedino u razočaranje. Ne čini li nam se to nekako kao poznato? Koliko nas se zatiče u takvoj situaciji? I zato ovaj kratki roman čitamo nadušak, utoliko pre što ga je prevela Elizabet Vasiljević, jedna od nesumnjivih prvakinja italijanskog prevođenja kod nas.

J. Aćin

Izdavačko preduzeće
RAD
Beograd, Dečanska 12

*

Glavni urednik
NOVICA TADIĆ

*

Grafički urednik
MILAN MILETIĆ

*

Lektor i korektor
MIROSLAVA STOJKOVIĆ

*

Nacrt za korice
JANKO KRAJŠEK

Digitalizacija slova
DARKO STANIČIĆ

*

Za izdavača
SIMON SIMONOVIĆ

*

Štampa
Elvod-print, Lazarevac

Primeraka 500

CIP – Каталогизација у публикацији
Народна библиотека Србије, Београд

821.133.1-31

ЗВЕВО, Итало

    Neslana šala : roman / Italo Zvevo [sa italijanskog prevela Eliza-
bet Vasiljević]. – Beograd : Rad, 2005 (Lazarevac : Elvod-print). – 80
str. ; 21 cm. (Biblioteka Reč i misao ; knj. 565)

Prevod dela: Una Burla Riuscita / Italo Zvevo. – Primeraka 500. –
Napomene uz tekst. Str. 79–81: Italo Zvevo, u šali / J. Aćin.

ISBN 86-09-00890-8

COBISS.SR-ID 125827596